做个好员工
其实很简单

IT'S VERY
SIMPLE TO BE A GOOD EMPLOYEE

▶▶ 用心做小事，成就大事业 ◀◀

做个好员工其实很简单

汪承虎 ◎ 著

中国商业出版社

图书在版编目（CIP）数据

做个好员工其实很简单 / 汪承虎著 . — 北京：中国商业出版社，2018.6
ISBN 978-7-5208-0372-4

Ⅰ . ①做… Ⅱ . ①汪… Ⅲ . ①工作方法 – 通俗读物 Ⅳ . ① B026-49

中国版本图书馆 CIP 数据核字 (2018) 第 109208 号

责任编辑：唐伟荣

中国商业出版社出版发行
010-63180647　　www.c-cbook.com
(100053　北京广安门内报国寺 1 号)
新华书店经销
北京万博诚印刷有限公司印刷

*

710×1000 毫米　1/16　16 印张　220 千字
2018 年 6 月第 1 版　　2018 年 6 月第 1 次印刷
定价：48.00 元

* * *

（如有印装质量问题可更换）

前言
PREFACE

一位领导在描述自己心目中的理想员工时,这样说:"我们所急需的人才,是拥有奋斗进取精神,勇于向'不可能完成'的工作挑战的人。"遗憾的是,许多人虽然具备取得成功的能力和条件,但是却有一个致命的弱点:缺乏应有的工作态度与进取精神,丧失了职场发展的无限可能。

任何组织、任何领导者都渴望优秀的员工,他们是团队不可或缺的一分子,是公司兴旺发达的基础。而优秀的员工之所以广受欢迎,是因为他们能够始终以认真、负责的工作态度走好职业生涯中的每一步,在创造出色业绩的同时让自己拥有了与众不同的人生。

如何从茫茫人海中脱颖而出,成为团队中的优秀一员呢?美国成功学家拿破仑·希尔说过这样一段话:"人与人之间只有很小的差异,但是这种很小的差异却造成了巨大的差异!很小的差异就是所具备的心态是积极的还是消极的,巨大的差异就是成功和失败。"

心态积极的员工努力向前,坚持让自己变得更出色,所以他们做事认真负责、拥有良好的职场美德、在快乐工作中释放潜能、永远不给自己找

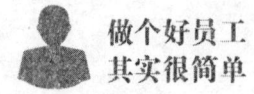
做个好员工
其实很简单

借口、极具团队精神、工作尽职尽责、出色把握细节、始终高效执行、坚持终身学习、勇于创新……显然,当你以对待生命的态度对待工作时,工作就会给你同样珍贵的回报,不知不觉间成为团队中的优秀一员。

英特尔总裁安迪·葛洛夫应邀参加一次毕业典礼,对大家提出了这样的建议:"不管你在哪里工作,都别把自己当成员工——应该把公司看作自己开的。"那么,怎样才能够把这种想法付诸行动呢?那就是锐意进取、全力以赴、更积极主动地工作。

几乎所有的成功者都是积极进取的人,至于那些消极颓丧的人,往往都被摒除于外。在激烈的职场竞争中,唯有具备自动自发的意识,认真、努力地拼搏,才能有所作为,成为组织最需要的人。

目录
CONTENTS

第一章 做事心态——工作态度比工作能力更重要

明确目标，奋勇向前　　2
做好自己的工作时间表　　6
理清头绪，成就自己　　10
直面困境，脚踏实地去努力　　13
说到就要做到，要保持言行一致　　17
第一次就把事情做对　　20
日事日毕，拒绝拖延　　23
有始有终，杜绝有头无尾　　26

第二章 职场美德——优秀是一种职业生存方式

职业道德比工作能力更重要　　32
真诚待人，合作创共赢　　37
尊重他人，谦虚是做事之本　　40

不见利忘义，要忠于你的公司　　　　　　　　　44

创造业绩是最美的职业道德　　　　　　　　　47

第三章　快乐工作——用热情释放个人潜能

端正态度，工作是为了自己　　　　　　　　　52

努力工作，工作是立身之本　　　　　　　　　55

抓住机遇，打铁还需自身硬　　　　　　　　　58

拥有责任心，铸就职业化　　　　　　　　　　63

良好心态让自己不可或缺　　　　　　　　　　67

把工作看成自己的事业　　　　　　　　　　　70

第四章　绝对服从——不为失败找借口，只为成功找方法

服从是一种品质，更是一种责任　　　　　　　74

忠实服从，以服从为第一要义　　　　　　　　78

坚决服从，但不等于盲从　　　　　　　　　　82

不服从的员工，是最糟糕的员工　　　　　　　85

忠诚态度，员工的无形资本　　　　　　　　　88

懂得忠诚，服从是前途的指路牌　　　　　　　92

统一步伐，服从是执行的基石　　　　　　　　95

培养忠诚，提高竞争力　　　　　　　　　　　99

没有借口，忠诚是成功的捷径　　　　　　　　102

第五章　团队精神——在集体中实现自我价值

团队精神，员工必备的能量　　　　　　　　　108

认同团队，积极融入到团队中　　　　　　　　111

增强团队意识，拥有强大力量　　　　　　　　116

顾全大局，培养合作团队　　　　　　　　　　120

懂得合拍，不做团队中的"短板"　　　　　　　　124
摒弃个人主义，坚持团队合作　　　　　　　　　127
面对问题，学会合作与借力　　　　　　　　　　130
默契配合，让潜能在合作中释放　　　　　　　　133

第六章　尽职尽责——高悬责任之心才能迈向卓越

尽心尽责，养成一种习惯　　　　　　　　　　　138
耐心专注，不三心二意　　　　　　　　　　　　142
做好平凡事，成就不凡未来　　　　　　　　　　146
本职工作，尽心尽力　　　　　　　　　　　　　150
承认失败，不找借口　　　　　　　　　　　　　153
立即行动，获得成功　　　　　　　　　　　　　156

第七章　注重细节——把简单的事情做好就是不简单

工作无"小"事　　　　　　　　　　　　　　　160
细节做好了，结果才会好　　　　　　　　　　　163
注重细节，养成习惯　　　　　　　　　　　　　167
细心倾听，切勿马马虎虎　　　　　　　　　　　173
关注小错误，尽善尽美　　　　　　　　　　　　177

第八章　高效执行——想到，说到，更要做到

让公司赢利的员工才是好员工　　　　　　　　　182
勤奋惜时，创造更多的价值　　　　　　　　　　185
有效地运用时间，克服不必要的浪费　　　　　　189
轻重缓急，要事第一　　　　　　　　　　　　　194
提高效率，利用好零碎时间　　　　　　　　　　197
专注，有助于提高成功概率　　　　　　　　　　200

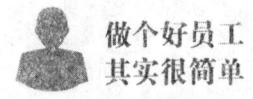

　　　　找准目标，是提高工作效率的武器　　　　203

第九章　终身学习——不断学习是持续进步的需要

　　　　一技傍身，虚心学习　　　　208
　　　　与时俱进，武装自己　　　　213
　　　　及时充电，提升效率的根本　　　　217
　　　　不断提高能力，才能得到赏识　　　　222
　　　　提高协助领导的能力，方可得到重视　　　　225

第十章　勇于创新——打破思维定势才能实现跨越式成长

　　　　打破思维定式，改变常规　　　　230
　　　　学会冒险，善用发散思维　　　　233
　　　　突破习惯，增强应变能力　　　　237
　　　　灵活变通，找对方法做对事　　　　241

第一章

做事心态

——工作态度比工作能力更重要

  作为一名员工,一定要明确自己的工作目标和任务,按照要求有计划地做好自己的本职工作,保持言行一致、日事日毕的工作态度,不断提升自己。

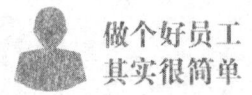

明确目标,奋勇向前

有人曾经说过:目标是一座灯塔,照亮船只在大海上的航向;也有人说过:目标是指南针,在我们迷茫无措时为我们指明道路。话虽如此,但是目标是什么样子的,很多人都不知道该怎样进行描述。并不是说这些人没有目标,只是他们的目标并不明确,所以才会显得大而空,看不到也摸不着;而那些明确自己目标的人,即便是在前进路上遇到了问题和挫折也能灵活周转,调整之后向着目标前进。

由此可见,明确工作目标的重要性不言而喻。但是在实际工作中,很多人在忙碌的工作状态中,往往会渐渐偏离自己预定的轨道。有的人拥有短期目标,虽然能够取得暂时的成就,但随着时间的推移,自己的目标越来越不明确,直到最后失去方向。所以,明确工作目标就是要求我们不论何时何地都要在心里谨记目标,让它能够成为我们前进的动力。目标对于成功就像空气对于我们,没有空气人会失去生命,同样没有目标的人生也无法成功。

第一章
做事心态——工作态度比工作能力更重要

那么如何明确职场中的奋斗目标？第一，"人能设想和相信什么，人就能用积极的心态去完成什么"。如果你预想出目的地，你的下意识心理就会受到这种自我暗示的影响。第二，如果你知道自己需要什么，你就会有一种倾向——试图走上正确的轨道，奔向正确的方向。于是，你开始行动了。第三，目标确立以后，在面对一些机会时你会变得敏锐，而这些机会将帮助你达到目标。第四，当完成了前三步以后，你的工作就开始变得有乐趣了。你因受到激励而愿意付出代价，能够预算好时间和金钱。你对目标思考得越多，就会越有热情，你的愿望也就会变得更热烈。

侯勇出生在江苏连云港一个普通的家庭，15岁的时候他便因为家庭条件不好而辍学了。从学校辍学回家那一天，他的父亲就告诉他："你以后一定要出人头地，做一个让父母骄傲的人。"

虽然15岁的侯勇还不知道何谓出人头地、何谓让父母骄傲，但是他却将父亲的话当成了自己最初的目标。

随后他到煤矿当了一段时间的筛煤工。因为工作出色，在一个偶然的机会，他被某食品公司的领导看中，先是在食品厂做烤面包工人，后来又被调到食品公司的肉联厂去卖肉。虽然工作换了，但是目标没有换，此时的侯勇明白了自己的目标：做筛煤的工作，就要当最优秀的筛煤工；做卖肉的工作，就要当最优秀的卖肉人。在干了一年的卖肉工作之后，因为工作表现突出，他被提拔为车间主任。此时他的目标又变成了：当最优秀的车间主任。

正当侯勇奔着自己目标前进的时候，一个偶然的机会，他阴差阳错地进入了娱乐圈。当时，他有一个朋友想去考江苏省戏剧学校，自己一个人去又觉得没底，所以就拉上侯勇陪他一起去。到了录取结果揭晓的时候，他的朋友没考上，侯勇却考上了。更让人觉得不可思议的是，江苏省戏剧学校那一年仅仅录取了两名考生，而侯勇便是其中之一。

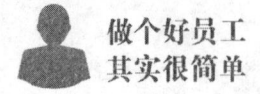
做个好员工
其实很简单

1989年，侯勇从戏剧学校毕业，被分配到了南京军区政治部前线话剧团，可此时的侯勇却遭遇到了前所未有的挫折：不被剧团重视。

当时的话剧团演员众多，分配角色的时候都是按照资历来进行。几乎所有重要的角色都是由那些资历老的演员来担任，侯勇作为一个刚从戏剧学校毕业的新人，自然而然就只落得了类似于路人甲、路人乙之类的小角色，甚至连一句台词也没有的角色。有一次，他被分配到的角色是饰演一名旗手，这名旗手在整场戏中一句台词也没有，而这个角色，他一演就是整整的一年。

侯勇心里明白自己的目标是什么：当最优秀的演员。可是在这种情况之下，如何能达到自己的目标呢？侯勇陷入了沉思。

渐渐地，侯勇找到了自己身上存在的问题：

首先，目标太笼统，没有一个具体的努力方向。俗话说"术业有专攻"，虽然自己定下了"成为一名优秀演员"的目标，但演员所出演的角色是非常多样化的，自己究竟要成为一名什么样的演员呢？这一点他并不清楚，即对自己的角色定位不清楚。

其次，他没有充分发挥自己的优势。在侯勇的身上有三个优势：其一是潜质。作为一个演员来说，侯勇是合格的，也就是说他的艺术潜质是有的，只是因为舞台和角色的限制，他没有发挥出潜质。其二是经验。这十年的舞台表演，虽不曾出演过主要角色，但是为自己积累了丰富的舞台经验，对于一名演员来说，这就是一笔巨大的财富。其三是气质。作为一名部队文艺工作者，经过十年的沉淀，他身上已经自然形成了一种军人气质。

经过一系列的分析之后，侯勇的目标更加清晰了：做一名优秀的军人演员，塑造好每一个军人形象。为了演好军人，侯勇开始不辞辛苦地坚持每天锻炼，以塑造标准的体形。除此之外，他还利用一切机会，经常去团里观看老演员排戏，仔细观察他们的动作、台词、眼神，认真琢磨演技。

功夫不负有心人，就在侯勇不断磨练自己演技的时候，实现目标的机会到来了。他在朋友的推荐下，开始实现自己演军人的目标——他出演了《声震长空》的男主角。因为在这部电影中的出色表演，他又获得了一次演出的机会——被电影《冲出亚马逊》的导演选中，出演片中的男主角王晖。凭借这两部电影，他先后获得中国长春电影节最佳男主角奖、中国电影华表奖的优秀男演员奖，他从当初的"龙套专业户"成为著名演员。

后来，他又连续出演了多部军人题材的影视剧，如《DA师》《济南战役》《铁色高原》《陈赓大将》等。在这些影视剧当中，侯勇真正做到了"演一个像一个"，深得观众的喜爱。

正因为明确了自己的目标，并坚持努力下去，侯勇才获得了成功。由此可见，明确目标，对每一个想要获得成功的人是多么重要，因此一定要懂得重视。只有明确目标，奋勇向前，才能让自己成为一个优秀的人！

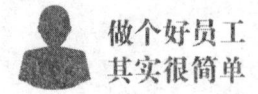
做个好员工
其实很简单

做好自己的工作时间表

在职场中，任何人都会有惰性，只不过有的人能战胜惰性，而有的人却不能。很显然，那些能战胜惰性的人总是能在规定的时间内完成任务，而无法战胜惰性甚至纵容惰性的人则根本无法做到守时，更不用说把工作做到位了，也更不用说获得成功了。

那么，为什么在同样的工作、同样的职场环境下，有的人能够战胜惰性，而有的人却做不到呢？很简单，前者除了有自控能力之外，还有一点非常重要：善于给自己制订一些时间表，让自己的行动按照时间表来进行，从而就比较容易克服惰性，做到准时了。

我们都知道，文艺界人士的工作是很忙碌的，特别是生活在演出一线的文艺界人士，每天所要出席的活动、完成的工作都是有时间要求的。那么，这些文艺界人士为什么都能做到准时出现在一些活动现场，做好自己的工作呢？很显然，他们有自己的行程安排表，也就是我们常说的工作时间表。很多文艺界人士都曾坦言，如果缺少了时间表，他们将不知道自己要做什么、该做什么。香港著名演员梁朝伟就是其中之一。

梁朝伟，1982年正式踏进演艺界，加入无线电视演员训练班。他在TVB多年，演过《新扎师兄》《鹿鼎记》等多部脍炙人口的经典电视剧。当年曾与张曼玉合作，凭借《新扎师兄》一片崭露头角；出演《花样年华》又遇上张曼玉，果然不负天意，这部电影又引起了轰动。

自1988年起投身电影圈，梁朝伟再凭《杀手蝴蝶梦》(1988年)及《人民英雄》(1990年)两度夺得香港电影金像奖最佳男配角，势头锐不可当。

成名之后的梁朝伟身跨三个行业：电影、电视剧、歌坛。时间逐渐开始变得不够用，不仅要拍戏，还要应付一系列的活动：访谈、晚会、节目等，众多的工作在等着梁朝伟。面对这么多的工作，很多人都觉得有些忙不过来，即便能忙过来，也会以应付的心态去对待，特别是一些电视节目，仅仅是到场了事，根本不会把它当成一份工作去做。可是梁朝伟并不这样想，他觉得作为一个文艺界人士，任何一场晚会、任何一档电视节目邀请自己，那就是自己的一份工作，自己必须要好好面对。并且，他还透露，要想让自己工作更有意义，就要善于利用自己的时间表，推掉一些演出、晚会。

——摘自《勤奋是成功的基石》

难道这是梁朝伟"懒惰"的一种表现吗？其实不然，梁朝伟之所以如此看重自己工作的时间表，是想给自己留出足够多的时间来好好完成每一件工作。比如一般人赶一场晚会，估计也就留出1个小时的时间，但是梁朝伟却会挤出半天甚至一天的时间，从一开始到最后他都在场。

正是这种敬业精神，使得梁朝伟的名气越来越大，越来越受到人们的喜欢和尊敬。那么我们在平常的工作中，我们该如何做才能做好自己的时间表呢？

第一，分清轻重缓急，把重要的事情排在第一位。

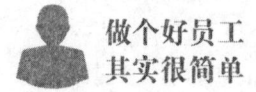

工作的时候,并非所有的拖延者都是不负责任、懒散懈怠的人,相反,在拖延者中,有相当一部分的人工作勤勤恳恳。他们之所以拖延,是因为他们对工作分不清轻重缓急,弄不清自己该先去做什么,时而做做这,时而做做那,结果是什么都没做成。

因此,在安排自己时间表的时候,一定要明白哪些事情是最重要的,哪些事情是不重要的。分清事情的轻重缓急,这样才能合理安排自己的时间,把重要的事情做完、做好。

第二,明白一点:紧急之事并不一定重要。

这是大多数人在工作中经常犯的一个错误:认为紧急之事一定就是重要之事。按照这种错误的逻辑,很多人把时间都花费在了一些紧急但是却不重要的事情之上,最终没能把工作做到彻底。比如电话铃响了,尽管你正忙得焦头烂额,也不得不放下手边的工作去接听,这些突如其来的事情通常会给我们造成压力,逼迫我们马上采取行动,但这些事却不一定很重要。那么,什么才是重要的事情呢?通常来说,重要的事情应是那些与实现公司和个人目标有密切关联的事情。

第三,让工作条理化。

有句话说得好:"喜欢条理吧,它能保护你的时间和精力。"工作无序,没有条理,必然浪费时间。试想,如果一个文字工作者的手里资料乱放,本来一天就能写好的材料,找资料就花了半天工夫,岂不费事?

因此,在安排自己时间表的时候,一定要明白一点:别让自己的工作杂乱无章,首先该做什么、以后再做什么,一定要有一个明确的概念和顺序,这样才能真正把工作做彻底。

第四,每日设立目标。

每天早上,花5分钟左右的时间,用现在时态写出你的前10个目标。为此准备一个活页笔记本,在每天开始书写你的10个目标时,就把它们深深地刻在脑海的下意识里。每天书写目标，将激发你的精神力量，刺激你的大脑，使你更警觉。一天下来，你会发现机会可能更迅速地朝你的目标移动。

第五，每日计划与组织。

最好是前一天晚上，花几分钟把即将来临一天的每一项活动做好计划。始终从列单子开始，永远在纸上进行思考，这是取得出色成就的最强大、最重要的行为准则之一。

优秀员工总是能制订一份科学合理的工作时间表，从而有效地利用自己的时间，而那些平时毫无计划、靠遇事现打主意工作的员工，只有在没有效率的工作中忙碌和混乱。

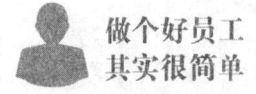
做个好员工
其实很简单

理清头绪，成就自己

对于很多人来说，工作很可能就是一团乱麻，可是这其中有的人成功了，而有的人失败了。虽然说成功有成功的理由，失败有失败的原因，但细细分析一下，我们不难发现，这些成功者身上有一个共同特点：善于理清工作的步骤，让自己的工作"头绪化"。

或许很多人对"头绪化"的工作没有什么切身感受，也就不能体会到这种工作方法的魅力所在，但是央视著名主持人王小丫对此却深有体悟。

王小丫自从进入中央电视台当了节目主持人之后，似乎就没有空闲过，她的工作日程总是排得满满的，特别是遇到一些临时性的主持任务时，她更是忙得不可开交。

她主持过《商务电视》《供求热线》《金土地》《经济半小时》《开心辞典》等栏目，还客串主持了《对话》等栏目，"3·15"消费者权益日直播晚会、上海财富论坛、科技下乡、环保主题电视节目……这一连串的播出任务放在谁身上都可能出现忙乱的景象。但是王小丫忙归忙，却从来不乱，在银屏上出现的她给人的感觉总是那么稳重、自然、有气质，特别是她的神态，更是一副稳定自若的样子。

那么，王小丫是如何做到这一点的呢？很简单：把工作的头绪理清楚，一步一步来。在说起自己的工作步骤时，她用烹调做过一个比喻：工作就好比做菜一样，你放材料、佐料的时候必须要有条理、有顺序。第一步该放油，第二步该放蒜、辣椒，然后就是菜、盐、味精……要想把菜做得好吃，这些步骤不能弄乱了，否则你做出来的菜不仅没有好看的菜色，也不可能会有好吃的味道。工作也是如此，第一步该做什么，第二步该做什么，你同样不能弄乱了，否则你的结果可能就是失败。

有一次，王小丫在主持《开心辞典》的时候，突然接到了外景的任务，正当她匆匆赶往外景场地的时候，却接到家人的电话，需要她马上赶回家……既要录制节目，又有采访任务，还要急着赶回家，换做别人，可能早就乱作一团了。但是王小丫稍微思考了一下，便作出了安排：首先做好外景的采访任务，因为外景不比在直播室录制节目，时间不等人，事情也不等人。就在她赶往外景采访的时候，她请自己的好友帮忙订购飞机票，外景一结束，她就赶往机场，回家处理私事。

就这样，一团乱的工作状态得到很好的解决，王小丫不仅没有耽误直播，也没有耽误采访，当然，还没有耽误赶回家处理事情。正是凭借着这种干练的精神，王小丫获得了一系列的奖项。

职衔的复杂也决定了王小丫工作的繁杂。但是在繁杂的工作面前，王小丫依然做得很好，工作做得很到位、很彻底，这和她善于理清自己工作的头绪是分不开的。

由此我们可以得出一个结论：要想在职场中提高自己的职场竞争力，除了要提高自己的能力之外，还有一点非常重要：让自己的工作头绪化，不要因为忙而变得乱，不要因为乱而变得更忙。

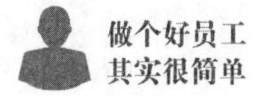

那么，在工作之中，该如何才能理清自己的头绪呢？

1. 学会管理自己的工作

所谓管理自己的工作，实际上是指对自己工作进行合理的时间分配。这种时间上的分配在很大程度上保证了自己的工作效率，也保证了工作和时间的完全重合。在规定的时间里做规定的事情，而不是因为一旦时间充足就浪费时间，一旦时间不充足就胡乱完成工作，这样做自然不能将工作做到彻底。当然，要做到这一点就必须对每一项工作需要多长时间了如指掌，这一点可以在平常的工作当中积累经验。

2. 做好自己的工作计划，尽量做到统筹规划

有计划的工作和没有计划的工作其结果是完全不同的。为什么很多人在做某一件事情的时候时间非常充足，而做另一件事情的时候时间却往往不够用呢？原因很简单：他们没有将时间进行统筹规划，在时间充裕的时候还可以做点别的事情，从而改变时间不足时捉襟见肘的境况。

3. 做好经验总结，提高自己处理突发事件的经验

最容易让工作变得毫无头绪的莫过于一些突发事件了，如何处理好这些突发事件将直接关系到我们能否彻底完成工作。比如在工作过程当中，老板突然给我们一个紧急任务，这个时候，该怎么办？立即放下手头工作去处理，还是分析思考之后再去处理？在处理这些紧急事件的时候是不是还能继续完成自己原先的工作呢？这些问题都得好好考虑，在平常的时候多多积累经验，以备不时之需。

直面困境，脚踏实地去努力

在工作中，每个人都会遇到困难，而这些困难对我们而言就是一种压力。当我们面对它们时，千万不要选择逃避，更不要投机取巧，而是要学会正确面对，脚踏实地去努力，唯有如此，才能跨越它们，把想做的事情做好。

在一座寺庙里，住着一个老和尚和两个一胖一瘦的小和尚。老和尚每天都叫两个小和尚到附近的镇上去化缘。从寺庙到镇里有两条路：一条是近路，要经过一片浅溪和一座独木桥；一条是远路，之所以远，是因为要绕过一座山。胖和尚每次都走近路，总是谨慎地过独木桥，小心翼翼地过小溪，然后到镇上化了缘，也不逗留，便沿着原路早早地回到庙里；而瘦和尚每次都走远路，总是一路上游山玩水，采花弄石。化缘的时候，也是这里瞧瞧那里看看，回到寺庙的时候，太阳总是快要落山了。

老和尚渐渐地老了，他决定在两个小和尚之间选出一个接班人。胖和尚很老实，做事中规中矩，稳妥可靠；而瘦和尚虽然贪玩好动，但是很聪

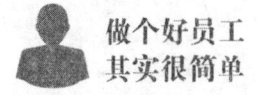
做个好员工
其实很简单

明,有时能独辟蹊径,事半功倍。老和尚反复思量,就是拿不定主意,不知道该选择谁。

这一天,老和尚叫两个小和尚化了缘后各买一袋大米回来。胖和尚先化了缘,买了一袋大米就往回赶。但他并没有像平常那样走近路,而是选择了走远路,因为背着一袋米,身体移动受限,他怕趟水和过桥的时候,脚下不稳,不如走远路踏实。而瘦和尚背着一袋米却选择了走近路,因为他觉得负担在身,走远路将会更苦更累,不如走近路,虽然有危险,但是可以节省许多体力。结果,胖和尚虽然很累,但却稳稳当当地回到了寺庙,而瘦和尚却在过桥的时候,一不小心身体失去平衡,掉进了水里,人虽然游上了岸,米却被流水冲走了。后来,老和尚选择了胖和尚接管寺庙。据说,后来发生了一次大干旱,许多地方都出现了饥荒。由于没有人进香,很多寺庙都没能维持下去,而胖和尚管理的寺庙却渡过了难关。

——摘自《面对负担》

人们在面对负担和压力时,往往有两种表现:有的人因为负担而脚踏实地、不慌不忙,一步一个脚印;有的人却因为负担而挖空心思去寻找所谓的捷径,甚至铤而走险,最后往往逃不脱失败的结局。由此可见,要想把事情做好,脚踏实地十分重要。

史泰龙下定决心要走一条与父母迥然不同的路。但是做什么呢?从政,可能性几乎为零;由于他没有学历和文凭,进大公司发展是不可能的;经商,又没有本钱……他长时间思索着这个问题。

在想不出其他出路的情况下,他想到了当演员。因为当演员不需要查验过去的经历,也不需要本钱和文凭,而一旦成功,却可以名利双收。可是,他显然不具备当演员的条件,不仅外貌难以让人对他产生信心,同时他也不曾接受过任何有关表演方面的专业训练,他也没有任何关于表演的经验,更无表演天赋的迹象。演员这条道路似乎也难以行得通,但是这是

第一章
做事心态——工作态度比工作能力更重要

他今生今世唯一可以出头的机会,所以不管有多艰难,他一定要成功!

在经过了仔细的思考之后,他给自己的表演之路画下了一幅"行军地图"。

第一步,让自己到达一个可以接近表演的地方,既然想当演员,首先就应该靠近那些真正的演员,于是他选择了在电影界最负盛名的好莱坞。

第二步,就是给自己找一个进入影视界的向导,找一切可以让自己成为演员的人。在这一过程中,他不断地找明星、找导演、找制片……他处处都在推销自己:"给我一次机会吧,我要当演员,我一定能成功!"但是他一次又一次被拒绝了,可贵的是他并没有因此而气馁,他明白"失败乃成功之母"。每被拒绝一次,他就认真反思、检讨、学习一次,因为他心中一直都有着一个目标:那就是改变自己的命运,自己一定要成功。

两年时间过去了,他的钱花光了,他只好在好莱坞干一些体力活维持生计。在经受过无数次的失败打击之后,他对自己以前的前进方式进行了反思。后来他在母亲的建议下,想出了一个"迂回前进"的方法,也是自己成功途中的第三个"目的地":先进行剧本创作,等剧本被导演看中后,再要求当演员。在好莱坞两年多的耳濡目染,让他从一个当初对电影一窍不通的门外汉逐渐成长为一个具备写电影剧本基础知识的业余编剧,而且这两年中每一次的拒绝对他来说都是一次进步的机会,也是一次口传心授的学习。

花费了一年的时间,史泰龙完成了自己的第一个剧本。他带着自己的剧本遍访导演,"这个剧本怎么样,让我当男主角吧!"导演们普遍的反应是剧本还可以,但让他当男主角,简直是天大的玩笑。他一次次被拒绝。

在经受了多次被拒绝之后,他想:让一个从未接触过表演的人来担当主角,可能是真的太冒险了。在向自己的目标进军的途中,他列出了自己的第四个"目的地":先求得一次表演的机会,如果有人认可自己的表

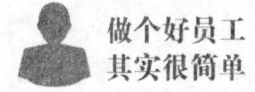

演,那么当主角的目标就容易实现了。

后来,他真的找到了这样的一次机会。给他提供这个机会的是一个曾拒绝过他20多次的导演,他之所以这样做完全是被史泰龙对演戏坚定不移的精神所感动。他对史泰龙说:"我不确定你是否能演好,但你永远不放弃的精神感动了我。我可以给你一次机会,但不是电影而是电视连续剧,同时,先只拍一集,让你当男主角,看效果如何。如果效果不好,你就不要再来了。"

听完这话,史泰龙长长地呼了一口气:机会终于来了。虽然来得晚了一点,但史泰龙没有埋怨,而是全身心地投入了这次表演之中。令所有人都没想到的是,第一集电视剧就创下了当时全美最高的收视纪录——他成功了!

从此以后,他的演艺之路一发而不可收,在电影界留下了无数经典之作。

——摘自《被拒绝1300次以后》

正因顶住了无数次被拒绝的压力,一直没有放弃,而是一步一个脚印地去努力,所以史泰龙最终获得了成功。如果我们也想成为史泰龙一样成功的人,那么在压力面前就要无所畏惧,相信自己。只要肯踏实地努力奋斗,总有一天会打开成功之门。

第一章
做事心态——工作态度比工作能力更重要

说到就要做到，要保持言行一致

在工作中，那些只说不做、言行不一的人是无法在职场上立足的。这些员工的所言所行往往从自身利益出发，而不是站在公司的角度考虑问题，这样只会造成空许诺言而无法兑现的局面，不仅不能在上司与同事中赢得信任，还会因此影响自己的职场前景。

李辉是某建筑公司的项目负责人。最近一段时间，受楼市调控政策的影响，公司效益大不如从前，单位不少员工也都动了另谋东家的念头，作为项目负责人的李辉更是看在眼里、急在心里。但是，有一件事情却改变了公司命运，也留住了员工。

一个周末，公司组织加班，就在下班时间，李辉听见一个员工正在跟孩子通电话，大概的意思是，孩子希望这个周末这位员工能陪他逛一次动物园，而这位员工也痛快地答应了孩子的请求。听到这里，李辉对那位员工说："最近大家都很辛苦，周末就好好休息吧！下周还有一个和美国客户的谈判，需要你做翻译呢。"

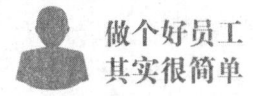

但是，就在自己答应让那位员工好好休息的第二天，那位美国客户却说谈判要提前进行，因为自己有急事需要提前回国。而那位员工又是公司唯一能胜任同步翻译的人，于是李辉给他打电话，希望他能回公司处理一下这件事。

这位员工二话没说就来了，但是谈判进行得不是很顺利，因为他们的竞争对手是一家业界很有名气的大公司，以他们现在的实力根本无法与其抗衡。谈判结束的时候，美国公司的负责人对李辉说自己还要回公司在董事会上讨论一下，等有了结果会通知李辉的。

谈判结束后，李辉亲自开车送这位美国公司的负责人回下榻的宾馆，路上与对方交谈得也很融洽。闲聊中，对方问为什么是李辉亲自开车送他回去，而不是派司机，李辉说司机陪翻译的孩子逛动物园去了。

当这位员工听到这件事后，激动之情溢于言表："李总，您真细心，小孩子的事，还要劳您用心，真是过意不去啊！"

李辉却淡淡地说："既然是答应孩子的事，就一定要做到！"此话刚一出口，就引起了美国公司负责人的兴趣，于是翻译就将刚才的话翻译了一遍，他听后直赞李辉是个信守承诺的人。

不久，李辉就接到美国那边打来的电话，说是要和他们公司合作。而李辉也自知竞争对手的实力，对于自己公司为什么还能胜出疑惑不解。而对方却这样回答他："你们对一个孩子许下的承诺，即使是在很困难的情况下都会尽力去实现，足以看出你们公司是一个讲诚信的公司。我在董事会上对大家说过这件事之后，大家一致同意与你们公司合作。"

最终，李辉带着他的团队从这次大合作中重整旗鼓，公司业绩、员工薪资待遇也随着提高。李辉之所以能够赢得客户的信任、扭转公司局面，就在于他信守诺言的职业素养。

对于员工来说，言行一致是一种对工作负责任的表现。从某种意义上我们可以说，信守承诺就是职场员工职业生存以及职业发展能否顺利进行的保障。只有守住自己的诺言，才能游刃有余地行走于职场，从而创造出骄人的业绩，在职场竞争中崭露头角。可以这么说，无论在什么领域，一个言行一致的人都不会是一个失败的人。无法做到这一点的人，只会让自己与成功失之交臂。

所以，每一位职场人士都应该切记：要想有进一步的发展，要想取得一定的成绩，要想得到他人的认可，就应该时刻做到谨慎对待自己的承诺，说到就一定要尽力做到。

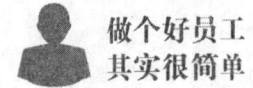
做个好员工
其实很简单

第一次就把事情做对

在工作过程中,最没有效率、最让人烦闷的事情就是一件事情开始没有做好,被推翻重来。生活中这样的事情也屡屡发生。比如:刚才往垃圾桶里扔一个果皮,想少走两步道,结果没有命中,只好弯腰捡起来再扔,费了两遍事。

工作中,忙中出错是常有的事。每个人一生当中都会犯很多这样那样的错误,有的是不起眼的小错误,有的是伤筋动骨的大错误,无论大小错误,都要为之付出代价。

第一次就把事情做对、做好、做到位是一个观念,也是一个良好的习惯。它会节省我们很多的人力、物力、财力,使我们少走很多不必要的弯路。在落实工作时,我们哪怕第一次多花点时间、多用些精力,力求把事情做到符合要求,一定要坚决避免一切无谓的重头再来!要提高落实的效率,最重要的一条方法就是"第一次就把事情做对"。

工作也有工作的哲学。第一次就把事情做对,不是一个简单量化的工作标准，而是一个改变所有组织和个人的有效的工作哲学和方法。

　　第一次把事情做好，代价最小，收效最大。通过第一次把事情做好，人们可以达到组织管理的最高境界：建立预防体系，实现无火可救；第一次就把事情做好，是一个人做人做事的哲学，是一个人实现事业成功和人生幸福的第一法则。第一次把事情做好，是关系到一个国家、一个民族兴衰成败的关键法则；第一次把事情做好，来源于"世界质量先生"科罗斯的"零缺陷"管理，但是，它已经远远超越了"零缺陷"管理的界限，它适合于地球上任何一个国家、民族、组织和个人，它属于全人类。

　　下面讲这样一则故事：

　　一次施工中，一位师傅需要一把扳手。他叫身边的小徒弟："去，拿一把扳手。"小徒弟飞奔而去。师傅等了许久，小徒弟才气喘吁吁地跑回来，拿着一把巨大的扳手说："扳手拿来了，真是不好找！"

　　可师傅发现这并不是他需要的扳手，便生气地说："谁让你拿这么大的扳手呀！"小徒弟没有说话，但是显得很委屈。这时师傅才发现，自己叫徒弟拿扳手的时候，并没有告诉徒弟自己需要多大的扳手，也没有告诉徒弟到哪里去找这样的扳手。第二次，师傅明确地告诉徒弟，到某间库房的某个位置，拿一个多大尺码的扳手。这次，没过多久，小徒弟就拿着他想要的扳手回来了。

　　在工作中，每个员工第一次就把事情做对，是提高效率的第一步。

　　去过中国一汽大众的现代化车间参观的人，都会在感叹那里现代化流水线的同时，发现在车间醒目的位置上，有一排巨幅广告："第一次就把事情做对。"

　　初看之下，众皆哗然。怎么这么"现代"的车间里，竟然会有这么"不客观"的广告？这样的广告，不禁让我们思考：第一次就把事情做对，可能性到底多大？

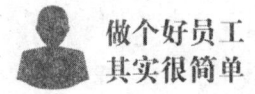
做个好员工
其实很简单

静下心来想一想,不禁为一汽大众的广告所折服:要把事情做对,需要多少次?是四次,还是三次?最好是几次呢?当然是——一次!

第一次就把事情做对,是对员工的期待,时时刻刻提醒员工们,要尽最大的可能,在接手每一件事情时,抱着"一次就做对"的信念。

第一次就把事情做对,是对"质量"品质的要求,只有"第一次就做对",才能尽可能减少废品,保证质量。

第一次就把事情做对,需要员工有扎实的职业技能基础,需要员工对"第一次"从事的工作有充分的准备。

绝大多数人在工作中都会遇到过越忙越乱,解决了旧问题,又产生了新问题的情况。在忙乱中造成的错误,轻则自己手忙脚乱地改错,浪费大量的时间和精力;重则返工检讨,给公司造成经济损失。

第一次没把事情做对,忙着改错,改错时又很容易制造新的错误,恶性循环的死结越缠越紧。在"忙"得心力交瘁的时候,我们是否考虑过这种"忙"的必要性和有效性呢?

工作中的那种盲目的乱忙毫无价值,必须终止。再忙,也要停下来思考一下,使巧劲解决问题,而不要盲目地拼体力。第一次就把事情做对,把该做的工作做到位,这正是解决"忙症"的要诀。

你还忙吗?当然忙!但希望你是忙着创造价值,而不是忙着制造错误或改正错误。在工作完工前想一想出错带给自己和公司的麻烦,想一想出错造成的损失,你就应该能够理解"第一次就把事情做对"这句话的分量。

每个优秀的员工都应具备"第一次就把事情做对"的心态,而要做到这一点,就得有工作的责任心,这也是一名优秀员工的必备素质。

第一章
做事心态——工作态度比工作能力更重要

日事日毕，拒绝拖延

在企业发展过程中，最致命的就是拖延了。因为拖延会导致很多事情落实不到位，造成严重后果的例子举不胜举。

管理学家彼得·德鲁克曾经说过："真正推动社会进步的，是默默地高效率工作着的人。"一个优秀的高效率的员工，就像海尔集团所提倡的那样，最重要的一点就是日事日毕，日清日高。

"日事日毕，日清日高"就是"OEC管理法"，也就是英文"Overau Every Control And Clear"的缩写，意思是全面地对每人每天所做的每件事进行控制和清理，简单说来就是今天的工作必须今天完成，今天完成的事情必须比昨天有质的提高，明天的目标必须比今天更高才行。

海尔集团的张瑞敏曾这么说："把一块钱人民币存到银行里，如果计算利息不是单利而是复利即利滚利，假如利息率仅仅为1%，那么70天的时间，一块钱就会变成两块钱。这说明，把所有的目标分解到每个人身上，每个人的目标每天都有新的提高，这样就可以使整个工作有条不紊地、不断地

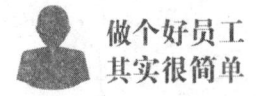
做个好员工
其实很简单

增长。我们的每个员工都有一张'三E卡',所谓'三E卡',就是每天、每件事、每个人,每个员工干完当天的工作后,必须要填写这张卡片,填写完之后,他的收入就跟这张卡片直接挂钩。这张日清卡,使我们把整个的工作大目标分解落实到每个人身上。比方说我们的冰箱共有156道工序,545个责任区,这些都落实到每个人头上去。我们的冰箱仓库一共有1964块玻璃,每一块玻璃都有一个责任人,这就使得整个的质量能够保证是优质的。这其中的关键就是员工的素质,也就是只有优秀的员工才能生产出优秀的产品。"

——摘自《海尔管理发展文化——日事日毕日清日高》

事实上,不论是企业,还是其他组织,日事日毕、日清日高的方法都是十分有效的。我们只有日事日毕,才不会让事情累积起来;我们只有日清日高,才会不断地取得进步。

在工作的过程中,我们一定要告诉自己:决不拖延!

事实上,拖延是一种相当累人的折磨,随着完成期限的逼近,工作的压力会越来越大,这会让人觉得更加疲惫不堪。

只要是自己的本职工作,就必须马上付诸行动,绝不可优柔寡断。不能做决定的人,固然没有做错事的机会,但同时他也失去了成功的机遇。

在一位老农的田地中,多年以来横卧着一块大石头。这块石头碰断了老农的好几把犁头,还弄坏了他的农耕机。老农对此无可奈何,巨石成了他种田时挥之不去的心病。

一天,老农的犁头又被碰坏之后,想起巨石给自己带来的无尽麻烦,他终于下决心弄走巨石,了结这块心病。于是,他找来撬棍伸进巨石底下,却惊讶地发现,石头埋在地里并没有想象得那么深、那么厚,稍使劲就可以把石头撬起来,再用大锤打碎,清出地里。老农脑海里闪过多年被巨石困扰的情景,再想到可以更早些把这桩头疼事处理掉,禁不住一脸的苦笑。这说明遇到问题应立即弄清根源，有问题更需立即处理，绝不可拖延，就像故事中的老农一样。很多事情并没有你想象中的那么困难，只要行动起来，你就会在行动中找出解决问题的方法。

——摘自《绝不拖延》

拖延存在于每个人的潜意识中，不要让它成为习惯。拖延是把今天的担子放在明天的肩上，直到不堪重负，使你变成一个负不起责任的人。要做一个高效的有责任的好员工，就绝对不能拖延。

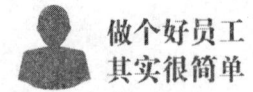

做个好员工
其实很简单

有始有终,杜绝有头无尾

在我们身边,很多人都经常感叹:工作很忙,也很乱,一点头绪都没有,特别是在进入一个新的工作岗位或者刚进行一个新项目的时候,这种情况就更加明显。很多人就是因为"一团糟"的工作状态,最终没能将工作做彻底,出现失败的结果。

其实并不是因为他们能力不够、热情不足,而是因为他们缺乏一种像邓婕那样坚持不懈的精神。

邓婕出生在一个演员世家,她的父母都是演员,从小耳濡目染,使她对艺术产生了浓厚的兴趣。1973年,她考上了四川省川剧学校,经过5年的学习,于1978年被分配到四川省川剧院。

1983年年底,《红楼梦》剧组在全国招募演员。当剧组到达成都之后,天生对表演感兴趣的邓婕也萌生了演电视的念头。所以,她和当时在剧团也对表演充满了兴趣的一个女孩相约到剧组进行了试镜,她们俩都很幸运地被剧组选中了。但是跟邓婕一起同去的女孩子因为遭遇了来自家庭和剧团的共同阻挠后,被迫放弃了。

虽然邓婕在这个过程中没有遭遇家庭的阻挠,但是同样遭遇了剧团,特别是团长的反对。不过邓婕有和自己的同伴不一样的想法,她不想做一个"有头无尾"的人,更何况她认为这是自己在事业上取得新突破的机会,所以她三番五次地跑到团长家里,求团长给自己这一次机会,还说,如果没能通过剧组终审的话,那自己以后就老老实实地待在剧团演戏。团长经不住她的软磨硬泡,终于答应放人,邓婕成功迈出了第一步。

拍摄这样一部大戏,还是在全国范围内进行角色的甄选,所以剧组里自然是美女如云,那么邓婕该如何胜出呢?很多人都劝邓婕死了这条心,要想在那样的竞争环境中胜出是绝对不可能的事情。可是邓婕还是觉得自己既然下定这个决心了,就应该坚持到底,不能半途而废。

在对邓婕的形象、身高、气质等条件进行一番权衡之后,她和老师都为该怎么给自己定位犯了难。如果演贾府小姐的话,自己不够温柔;可是如果演丫鬟的话,自己又显得太过大气,到时候恐怕会压过小姐的风头……那么该演谁呢?剧本里面是不是有一个女性形象是符合自己的呢?要知道,如果找不到合适的角色,自己只能遭到淘汰,也只能做一个"有头无尾"的人了。

经过反复琢磨,邓婕和老师最终将目标定位在尤三姐这个角色上,虽然这个角色在剧中的戏份不多,但是就目前的情况来看,这是最佳的选择。所以邓婕最终决定就用"尤三姐"这个角色拍片去参加竞选。

凭着出色的表演,邓婕很快通过了导演的初审,进了《红楼梦》剧组学习班。为了能真正被导演选中,成为《红楼梦》剧组里的一名演员,邓婕非常刻苦地学习。上天没有辜负邓婕,一个偶然的机会,总导演王扶林一看到邓婕所送选的尤三姐的录像带,他就被片中演员所表现出来的大气所折服了,他不禁脱口而出:"这个演员可以演凤姐。"总导演的一句话

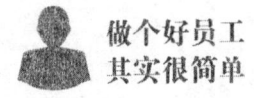

奠定了邓婕在《红楼梦》中的角色基础。虽然在这个过程中,邓婕遇到了各方面的压力和竞争,但是邓婕始终告诉自己一句话:全力以赴,不要有头无尾。

好事总是多磨,就在邓婕对凤姐的角色志在必得的时候,突然半路杀出了个程咬金,剧组来了一个各方面条件都很突出的东北女孩儿,导演和制片人对这个东北女孩儿都十分看好。于是制片主任便抽了个机会绕着弯儿地问了一下邓婕的意见:"如果不演王熙凤的话,你是愿意演平儿还是探春呢?"

虽然先前对自己充满了信心,但是现在大敌当前,而且制片主任又突如其来地对自己提问,这让邓婕在心里也稍稍有点儿乱了阵脚。但是邓婕很快就让自己镇定了下来,她在内心告诉自己:"不能轻易改变自己的初衷,不能让自己做事有头无尾。"于是她斩钉截铁地回答说:"对其他的角色我想都没想过,现在我的感觉全都上来了,下不去了,我觉得我要演的角色就是王熙凤了。"

最终,剧组因为邓婕的执着和自信,在最终定角色的时候,他们把信任票投给了邓婕,选定由她出演王熙凤。而邓婕也真的没有辜负大家对她的期望,也没有辜负自己的豪言壮语,她只是在恰到好处的一颦一笑、一怒一骂、一举手一投足间,就把一个刀子嘴豆腐心、泼辣精明的王熙凤演得深入人心,成为影视剧史上的经典角色之一。

邓婕通过饰演王熙凤这一角色,让自己获得了巨大的成功,不仅实现了最初她希望让自己的事业有新突破的愿望,同时通过对王熙凤这个角色的成功塑造,还使得她一举拿下了"金鹰""飞天"两项大奖。而她取得的这些成绩与她在工作的过程中始终坚持自己的初衷,告诫自己做事就是要有始有终是分不开的。

那么在日常工作中,要如何做到有始有终呢?

1. 做好整体规划

为什么很多人的事情做到一半甚至十之八九的时候才发现做不下去，最终不得不半途而废呢？很简单，他们在事前没有做好一个整体的规划，没有对可能遇到的问题、困难给予足够的预见，以至于当这些问题真正降临的时候手足无措。

2. 不要对自己的目标产生怀疑

既然确定了目标，就应该毫不犹豫、勇往直前。可遗憾的是，很多人做事时往往虎头蛇尾、有始无终，在整个过程中也是东拼西凑、草草了事，就像"有头无尾"先生一样，他们经常对自己的目标产生怀疑，自己的行动相应地也经常处于犹豫不决的状态之中。这种人也许能在短时间取得一些成就，但从长远来看，最终一定还是失败者。在世界上，没有一个遇事迟疑不决、优柔寡断的人能够获得真正的成功。

3. 不能缺少恒心和毅力

开始一件事情，需要的是决心与热诚；而完成一份工作，需要的却是恒心与毅力。缺少热忱，事情无法启动；只有热忱而无恒心与毅力，工作也不能完成。如果不想让自己成为众人所嘲笑的"有头无尾"先生，就需要像邓婕争取自己的演出机会那样，保持坚持的品质，善于利用精力，不将它分散到毫无价值的事情上去。

第二章

职场美德

——优秀是一种职业生存方式

新世纪的人才,必须是德才兼备的人才。所谓德才兼备,不仅要有高尚的品德,也要有较强的工作能力。因此,我们应该把自己培养成一个德才兼备的人。

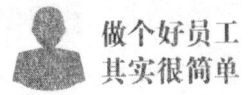

做个好员工
其实很简单

职业道德比工作能力更重要

许多老板在用人时，既要考察其工作能力，更看重其职业道德。一个有高尚职业道德的人十分难得，一个既有职业道德又有能力的人更是难求。有职业道德的人无论能力大小，老板都会给予重用，这样的人走到哪里都有机会的大门向他们敞开。相反，能力再强，如果缺乏最起码的职业素养和道德，往往会被人拒之门外。毕竟在人生事业中，需要用智慧来作出决策的大事很少，需要用行动来落实的小事甚多。少数人需要智慧加勤奋，而多数人却要靠忠诚和勤奋。

优秀的员工之所以成为佼佼者，首先最重要的是他在公司里表现出了自己的忠诚，让忠诚成为自己工作的一个准则，并在此基础上培养了正确的职业道德观，成就了真正的好品格。这种忠诚也是发自内心的，是经得起时间考验的。

职业道德对于公司内部，表现为忠诚和敬业；对于公司外部，表现为对客户的尊敬和诚信。

第二章
职场美德——优秀是一种职业生存方式

善待客户是企业生存、发展和成功的关键。世界一些著名的成功企业，都非常看重员工对客户的忠诚。正是这种对顾客的诚信，使企业获得了成功。事实上，只有自己的员工能够忠诚于顾客的企业，才能获得顾客的忠诚和信任。

一天下午，在日本东京奥达克余百货公司的电器部，售货员彬彬有礼地接待了一位女顾客，并按她的要求挑选了一台尚未启封的"索尼"牌电唱机。

顾客走后，售货员在清理货物的时候发现，刚才错将一个空心唱机样品卖给了那位女顾客，于是赶紧向公司汇报。警卫四处寻找那位女顾客，但不见踪影。经理接到报告后觉得此事非同小可，关系到顾客利益和公司信誉的大问题。于是他马上召集有关人员研究解决问题的办法。当时他们只知道那位女顾客是一位美国记者，叫基泰丝，还有她留下的一张"美国快递公司"的名片。据此仅有的线索，奥达克余百货公司公关部连夜开始了一连串近乎于大海捞针的寻找。

先是打电话，向东京各大旅馆查询，毫无结果。后来，又向美国打紧急长途，向纽约的"美国快递公司"总部查询。美国方面也展开了紧急调查。凌晨时分，奥达克余百货公司接到美国方面的电话，在得知基泰丝父母的电话号码后，他们马上将国际长途打到基泰丝的父母家。老人以为女儿出了什么大事，刚开始很紧张，听完日方善意的"调查"后，很感动，愉快地将女儿在东京的住址和电话号码透露给了他们。奥达克余公司负责此事的几个人整整忙了一夜，国际、国内总共打了35个紧急电话。

为了表示歉意，奥达克余百货公司一大早便给还未起床的基泰丝打了一个万分歉意的电话。几十分钟后，奥达克余百货公司的副经理和提着新唱机皮箱的公关人员赶到了基泰丝的住处。

两人进了客厅，见到基泰丝连连深鞠躬致歉。他们除了送来一台新

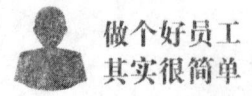
做个好员工
其实很简单

的合格的"索尼"唱机外,又加送著名唱片一张。接着副经理便打开记事簿,宣读了他们从发现问题到找到电话号码,并及时纠正这一失误的全过程记录。

基泰丝深受感动,她坦率地陈述了买这台唱机,是准备作为见面礼物送给住在东京的外婆。回到处所后,她发现唱机没有装机心,根本不能使用,于是火冒三丈,觉得自己上当受骗了。奥达克余百货公司的这些做法,使基泰丝深为敬佩。待他们走后,她马上写了一篇题为《35次紧急电话》的特写稿。

《35次紧急电话》稿件见报后,反响强烈,奥达克余百货公司因为忠诚为顾客服务而声名鹊起、门庭若市。后来,这个故事被美国公共关系协会推荐为世界性公共关系的典范案例。

——摘自《敢于担当,赢得信任》

从这个事例中,我们可以看到一个有着职业道德的企业,将是不可战胜的;一个有着职业素养的员工,更是任何一个企业难得的人才。

作为企业员工,必须搞好与顾客的关系,自觉地为顾客服务。要树立正确的经营、工作思想,具备良好的服务意识,了解顾客的需要,研究顾客的心理,认真听取顾客的意见,争取顾客的理解和支持。企业员工为顾客服务并不是在帮顾客的忙,而恰恰是在帮自己,顾客如果被给予这个服务机会,这不但是企业员工的成功,更是企业的成功。

相反,缺乏职业道德的一种表现则是频繁地跳槽。当今社会,忠诚已经变得越来越稀缺了。许多公司花费了大量资源对员工进行培训,然而当他们积累了一定的工作经验后,往往一走了之,有些甚至不辞而别。那些留在公司的员工则整天抱怨公司和老板无法提供良好的工作环境,将所有责任全部归咎于老板。但是,我们却发现,在管理机制良好的公司,跳槽现象也频繁发生,员工同样也不安分。因此,不得不使我们将视线转移到员工本身的心态上来。结果发现，大多数情况下，跳槽并非公司和老板的责任，更多在于员工对于自身目标以及现状缺乏正确的认识。他们过高地估计了自身的实力，以及对那些向他们频频挥手的公司抱有过高的期望。

当这种风气蔓延到整个商业领域时，许多具有一定忠诚度的员工也受到传染而投入跳槽大军中，使整个职业环境继续恶化。

人的一生，坎坷曲折，可能要走很多弯路才能到达自己想到的地方。同样道理，在工作中不可避免地要换一些工作，但明智的转换应该属于自己长远的人生整体规划。鲁莽跳槽，可能在短期内使你的钱袋变鼓，但过于频繁地改变职业，甚至成了习惯，那就对你的长远发展有害无益，并进而影响你的整体人生规划，这就因小失大，得不偿失了。

著名银行家克拉斯说："一个人可以有几条不同路径达到自己的目的地。如果能在一个机构里学到自己所需的一切学识和经验当然很好，但大多数情况下需要经常变化自己的工作环境。面对这种情况，我认为他必须懂得自己想做什么，为什么要这样做。"

他解释说："如果我换工作仅仅是为了每周多赚几块钱，恐怕我的将来早为现在而牺牲了……我之所以换工作，完全是因为现在的公司和老板无法再给我带来更多的效益了。"

——摘自《一克忠诚相当于一吨智慧》

一个频繁转换工作的人，在经历了多次跳槽后，发现自己不知不觉中形成了一种习惯：工作中遇到困难想跳槽；人际关系紧张想跳槽；看见好工作想跳槽；有时甚至莫名其妙就是想跳槽，总觉得下一个工作才是最好的，似乎一切问题都可以用转移阵地来解决。这种感觉使人常常产生跳槽的冲动，甚至完全不负责任地一走了之。

久而久之，自己不再勇于面对现实，积极主动克服困难了，而是在一些冠冕堂皇的理由下回避、退缩。这些理由无非是不符合自己的兴趣爱

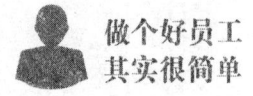

好，老板不重视，命运不济，怀才不遇，别人不理解等，幻想着跳一个新的单位后所有问题都迎刃而解了。

不懂得维护企业是职场新人的通病，他们很可能因为自己的职位不高，不打算长做，或表示自己"酷"，而对外人批评自己的企业。他岂知道，这样做不但违反职业道德，也是渎职，更由于这样的表现，贬损了他自己的人格。

健全的品格使你不会为自己的声誉担忧。正如托马斯·杰斐逊所说："成功之人就是敢作敢当的人。如果你由衷相信自己的品格，确定自己是个诚实可信、和善、谨慎的人，内心就会产生出非凡的勇气，而无惧他人对你的看法。"

对于企业而言，职业道德是除工作能力之外，对员工考量的重要标准。能力可以培养，可以在工作的过程中得到提高。但是，缺乏职业道德，即使能力再高，本事再大，对企业来说也没有太大价值，并且潜在的危害还会一直存在。这样的员工得到老板的重用几乎是不可能的。

真诚待人，合作创共赢

作为一名员工，想要在职场竞争中实现自己的人生价值，唯一的选择就是在团队中恪守诚信原则。只有学会了诚信，才能发挥出团队的凝聚力，才能塑造强大的团队，从而成就一番事业，让个人和团队达到共赢；反之，若人人没有诚信，团队就像一盘散沙，无法进行合作。那么，个人利益和团体利益就会化为泡影。

诚信是团队合作的基石，是团队精神的黏合剂，而团队又是员工实现成功的载体。因此，在团队合作中，唯有坚守诚信的做人原则，才能让自己和团队达到共赢！

一家跨国公司正在招聘新员工，来参加面试的人非常多，经过层层筛选，有9名年轻人脱颖而出。可以说，这9个人都是百里挑一的优秀人才，老总对此特别满意。但是，公司只能录用3个人。因此，在最后的一次考试中，老总给他们出了一道题：把这9个人随意地分成3组，第一组的3个成员去调查本市婴儿用品市场；第二组的3个人去调查妇女用品市场；第三组的3

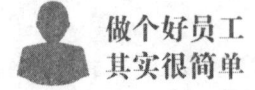
做个好员工
其实很简单

个人去调查老年人用品市场。

在他们出发之前，老总对这9个人说："我们现在招聘的人是用来开发市场的，因此，我要考察一下你们对市场的观察力，希望你们每一个人都能够全力以赴。为了避免你们盲目开展调查，我已经让秘书准备了一份相关行业的资料，你们可以先到秘书那里去领一下。"

两天之后，这9个人都回来了。老总看过他们交上来的调查报告，直接走到第三小组的3个人面前，和他们一一握手，然后说道："恭喜你们，你们通过了考察，被公司录取了！"

听到这个结果，其他的6个人都疑惑地看着老总。老总微微一笑，解释道："我让你们每个小组去调查一个问题，但是每个小组中你们的问题又是不一样的。比如说，你们调查婴儿用品市场的那一组，你们3个人中，一个是过去，一个是现在，还有一个是将来。但是，你们6个人都不相信对方，怕在这次竞争中失败，以至于各顾各的事情，根本没有想到小组内的其他成员。而第三组的3个人，他们则是在彼此信赖的前提下，相互参考了对方的资料，从而补充了自己报告中的不足。因此，他们3个人交给我的报告最完善、最完美！"

在职场上，这样的事情屡见不鲜。如果人人都能像第三小组的3个人一样，以诚相待、相互合作，那么就一定能够弥补自身的不足，就能漂亮地完成上司交给自己的任务，达到个人和团体共赢的局面；相反，如果都像其他的6个人，不相信对方，害怕让他们在竞争中取胜，最终只会导致大家一同失败。

职场上没有完美的个人，只有完美的团队。在团队中，唯有相信对方、以诚相待，用诚信塑造团队精神，才能够达到互助合作的地步。从而在整个团队的努力下，实现个人和集体的共赢。

一天，小猴与小鹿一同在河边散步，同时看到河对岸有一棵桃树，上面结了好几个大桃子，两个小家伙不约而同地说："我们有桃子吃了。"说着便一起朝桃树走去，但是走着走着，小猴心里犯起了嘀咕，心想："就那么几个桃子还不够我自己吃的呢。"于是，它赶忙对小鹿说道："那棵桃树是我先看到的，所以桃子理应全归我。"说完便要过河去摘桃子，可是由于小猴个子太矮，走到河中间时差点被水浪给冲走，幸好慌乱之中它抓住了一块礁石才没有丢掉性命。可怜的小猴只能眼巴巴地看着桃子却不敢再下水去摘桃子。

与此同时小鹿心想："哼，既然你不讲信用，我干吗要和你一起分享？"于是，小鹿顺利来到了桃树下，但小鹿不会爬树，所以也摘不到树上的桃子，只能眼巴巴地看着桃子流口水。就在这个时候，河边的柳树开口说："如果你们能改掉自私的毛病，团结起来，不就能吃到树上的桃子了吗？"

听完柳树的话，小猴和小鹿都觉得非常有道理，于是两人便放下成见，携手合作，摘的桃子平分。后来小猴在小鹿的帮助下顺利过了河，然后爬上桃树、摘下桃子，高高兴兴地回家了。

——摘自《小猴和小鹿》

小猴和小鹿就好比是一个团队中的不同成员，如果人人存有私心，不能够以诚相待，最终只能使双方都得不到自己想要的东西。两个人唯有相信对方、同心协力，才能都得到自己想要的东西。

因此，我们在团体中要学会和同事以诚相待，唯有如此，才能共同进步，共同把一件事做好，创造出共赢的局面。

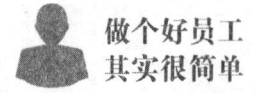

做个好员工
其实很简单

尊重他人,谦虚是做事之本

尊重是一门学问,懂得尊重别人,就是尊重自己。尊重别人,是一种理解、一种美德、一种潇洒、一种坦诚。因此,我们要尊重别人,哪怕他不如你!因为,只有这样我们才能赢得别人的尊重。

一天,一位40多岁的中年女人领着一个小男孩走进美国著名企业"巨象集团"总部大厦楼下的花园,在一张长椅上坐下来。她不停地在跟男孩说着什么,似乎很生气的样子。不远处有一位头发花白的老人正在修剪灌木。

忽然,中年女人从随身提包里拉出一团白花花的卫生纸,一甩手将它抛到老人刚修剪过的灌木上面。老人诧异地转过头朝中年女人看了一眼,中年女人满不在乎地看着他。老人什么话也没有说,走过去拿起那团卫生纸,把它扔进了一旁装垃圾的筐子里。

过了一会儿,中年女人又拉出一团卫生纸扔了出去。老人再次走过去把那团卫生纸拾起来扔到筐子里,然后回到原处继续工作。可是,老人刚拿起剪刀，第三团卫生纸又落在了他眼前的灌木上……就这样，老人一连捡了那中年女人扔过来的六七团纸，但他始终没有因此露出不满和厌烦的神色。

"你看见了吧！"中年女人指了指修剪灌木的老人对男孩大声说道，"我希望你明白，你如果现在不好好上学，将来就跟他一样没出息，只能做这些卑微低贱的工作！"

老人听见后放下剪刀走过来，和颜悦色地对中年女人说："夫人，这里是集团的私家花园，按规定只有集团员工才能进来。"

"那当然，我是'巨象集团'所属的一家公司的部门经理，就在这座大厦里工作！"中年女人高傲地说道，同时掏出一张证件朝老人晃了晃。

"我能借你的手机用一下吗？"老人沉默了一会儿说。

中年女人极不情愿地把手机递给老人，同时又不失时机地开导儿子："你看这些穷人，这么大年纪了连手机也买不起。你今后一定要努力啊！"

老人打完电话后把手机还给了妇人。很快，一名男子匆匆走过来，恭恭敬敬地站在老人面前。老人对来人说："我现在提议免去这位女士在'巨象集团'的职务！""是，我立刻按您的指示去办！"那人连声应道。

老人吩咐完后径直朝小男孩走去，他伸手抚摸了一下男孩的头，意味深长地说："我希望你明白，在这世界上最重要的是要学会尊重每一个人。"说完，老人撇下三人缓缓而去。

中年女人被眼前骤然发生的事情惊呆了。她认识接到电话后赶来的那个男子，他是"巨象集团"主管任免各级员工的一个高级职员。"你……你怎么会对这个老园工那么尊敬呢？"她大惑不解地问。

"你说什么？老园工？他是集团总裁詹姆斯先生！"中年女人一下子瘫坐在长椅上。

——摘自《尊重与理解》

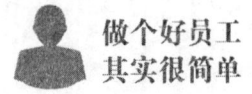
做个好员工
其实很简单

一位作家曾经说过,被别人尊重是一种幸福,能够尊重别人则是更大的幸福。所以我们要无时无刻记住,要懂得尊重别人。也许他会是处在一个我们不能想象的高度。

袁红军是一个博士生,毕业后被分配到一家研究所里,在单位里他的学历是最高的,为此,他有一种目中无人的心理。有一天,他到单位后面的小池塘去钓鱼,刚好被正副所长夹在中间,他们也在钓鱼。

"听说他们也就是本科生学历,有啥好聊的呢?"这么想着,他只是朝两人微微点了点头。

没多久,正所长放下钓竿,伸伸懒腰,噌噌从水面上如飞似的跑到对面上厕所去了。

袁红军眼睛瞪得都快掉下来了,心想:"水上飘?不会吧?这可是一个池塘啊!"

正所长回来的时候,同样也是从水上"飘"回来的。

"怎么回事?"袁红军刚才没去打招呼,现在又不好意思去问,自己是博士生啊!放不下架子!

过了一阵,副所长也站起来,走了几步,也迈步"飘"过水面上厕所了。

这下袁红军差点晕倒:"不会吧,莫非到了一个江湖高手集中的地方?"

过了一会儿,袁红军也需要去厕所,但是,这个池塘两边有围墙,要到对面厕所非得绕10分钟的路,而回单位又太远,怎么办?

袁红军又不愿意去问两位所长,憋了半天后,于是也起身往水里跨,心想:"我就不信他们能过的水面,我一个博士生不能过!"

只听"扑通"一声,袁红军栽到了水里。

两位所长赶紧将他拉了出来,他们惊讶地问:"你为什么要下水?"

袁红军反问道:"为什么你们可以走过去,而我掉水里了呢?"

两位所长相视一笑,正所长告诉他说:"这池塘里有两排木桩子,由于这两天下雨涨水,桩子在水面下,我们都知道这桩子的位置,所以可以踩着桩子过去。你不知道其中的原因,为什么不问别人呢?"

顿时,袁红军无言以对了。

——摘自《小故事大道理之〈谦虚〉》

我们生活在这个世界上,人人都需要别人的尊重和认可,当我们主动尊重别人的时候,他们也会同样地对待我们。作为一名员工,一定要谨记尊重上司、同事和下属,谦虚才是做事之本。

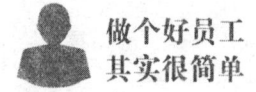
做个好员工
其实很简单

不见利忘义,要忠于你的公司

　　在每个人的职业生涯中,如果说能力像金子一样珍贵的话,那么还有一种东西比金子更为珍贵,那就是忠诚。

　　福特公司是世界上大名鼎鼎的公司。有一次,一台马达坏了,公司所有的工程技术人员都未能修好,只好另请高明。他们请来的人叫思坦因曼思,是一个小工厂的工程技术人员。思坦因曼思是德国人,他从德国流落到美国后,穷困潦倒,没有公司肯雇用他,最后一家小工厂的老板看重他的才能雇用了他。

　　福特公司把他请来,他在电机旁听了听,最后在马达的一个部位用粉笔画了一道线,并接着说:"这儿的线圈多绕了一圈。"果然,把这多余的一根圈线去掉后,电机立刻运转正常。

　　亨利·福特对这个人非常欣赏,一定要他到福特公司来。思坦因曼思却说:"我所在的公司对我很好,我把工作当成艺术来做,不能跳槽到你的公司来。"

福特因此更加欣赏思坦因曼思,一方面因为其高超的技艺,另一方面更因为其对公司高度的忠诚!后来,为了得到这个忠诚与才能兼备的人才,福特竟不惜买下思坦因曼思所在的那个工厂。所以说,忠诚是最宝贵的职业道德之一。

——摘自《为人才买公司》

然而,在工作中,许多人缺乏起码的忠诚,他们频繁跳槽,觉得自己的工作是在出卖劳动力;他们蔑视工作,嘲讽忠诚,将其视为领导盘剥、愚弄下属的手段。

在现代人力资源管理中,员工与公司被普遍认为是一对互利共生体。其实,在更高的层面上,两者是和谐统一的——公司拥有忠诚和有能力的员工,业绩才会有所保证;员工必须依赖公司的平台才能获得物质报酬和满足精神需求,而在互利共生的合作关系中,合作双方是否互相忠诚则是决定双方能否共赢的关键。如果一个人失去了对公司的忠诚,那他也就失去了成功的机会。

在丰田公司招聘员工的时候,第一看重的不是能力,而是个人的职业道德。因为,能力是可以通过培养获得的,而要改变一个人的职业道德却十分困难。

忠诚的丰田职员常以"我家"来称呼自己的公司,很多职员都把公司看成是自己社会生活的核心,感情色彩极为浓厚。丰田公司发生过这样一个故事:

一位丰田公司的老员工,在他第一次正式约见女儿的男友时,就郑重地对未来女婿提出:"我无其他要求,只是希望以后你的家人和你们自己买车必须买丰田车!"这位老员工对丰田公司的忠诚可见一斑。

员工忠于公司最直接的行为就是融入公司,和公司成为共同体。一个人一旦成为某个公司的一员,事实上就接受了公司既定的规则、惯例、人

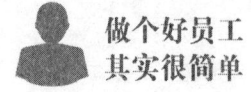

际关系等。当他接受这一切,并将它们变成自己的一部分,把忠于公司变成一种高尚的职业道德的时候,这样的忠诚才是弥足珍贵的。

作为一名公司员工,应该与公司的经营理念保持一致,遵守公司的生产经营方式,为公司发展出谋划策,与公司同舟共济,始终坚持公司利益优先。

在公司,如果一位职员准备辞职离开公司时,就要尽量少找共过事的同事倾诉自己的烦恼,以免给企业带来不利影响,最好尽可能去找他曾经的同学、朋友等。此外,作为公司的员工,一定要对领导很尊重,尤其是对公司的总裁或创始人,更要充满着感恩之情、敬仰之情。

忠诚于公司最基本的一点就是绝对不能做有损于公司的事,不背叛自己的公司。即便一个人辞职了,也不要去做反戈一击的事,而是要更加关心原公司的发展情况。

忠诚是一种高尚的职业道德,是社会的需要,也是个人的需要。在现如今竞争激烈的职场中,忠诚并不是一种纯粹的付出,同时也会有丰厚的回报,个体是忠诚的最大受益人。虽然你的忠诚工作所创造的大部分价值并不属于你个人,但你通过忠诚工作所树立的声誉则完完全全属于自己,你将在人才市场上变得更具有竞争力,你的名字也会因此而变得更具有含金量。

创造业绩是最美的职业道德

以前，人们常常说这样一句话："这些年来，我没有功劳，也有苦劳啊！"可现实就是现实，没有功劳的苦劳是徒劳！我们必须接受这种现实——在公司和老板的心目中，最看重的是两个字"业绩"，业绩才是硬道理，业绩才是最美的职业道德。

业绩对员工和公司的重要性不言而喻，公司要蒸蒸日上，需要靠好业绩，员工实现自我价值也需要好业绩；没有业绩，一切都免谈。一个员工每天辛苦努力工作，如果没有业绩，公司不赚钱，那么公司拿什么给员工发工资呢？

现在大部分公司都实行岗位薪酬制，除一定数额的基本工资，其余诸如奖金、提成等完全取决于个人工作业绩，业绩高则收入高，否则只能是低薪。

所以，作为一名员工，如果你拿不出应有的业绩，那么老板就会觉得他付给你薪水是在浪费金钱，即使你曾经付出了很多心血，你的结局也就

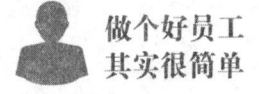
做个好员工
其实很简单

不言自明。

现实就是如此,千万不要为此责怪老板和企业"薄情寡义"。一个员工,必须要把努力创造业绩当作光荣的使命来完成。因为,业绩才是硬道理。

古罗马皇帝哈德良曾经碰到过这样一个问题:他手下有一位将军,跟随自己长年征战。有一次,这位将军觉得他应该得到提升,便在皇帝面前提到这件事。

"我应该升到更重要的领导岗位。"他说,"因为我的经验丰富,参加过10次重要战役。"

哈德良皇帝是一个对人才有着敏锐判断力的人,他并不认为这位将军有能力担任更高的职务,于是他随意指着拴在周围的马说:"亲爱的将军,好好看看这些马,它们至少参加过20次战役,可它们仍然是马。"

——摘自《将军和驴子》

其实工作也一样,人在工作中没有苦劳,只有功劳。经验与资历固然重要,但这并不是衡量能力的唯一标准。

俗话说:革命不分先后,功劳却有大小。企业需要的是能够解决问题、勤奋工作的员工,而不是那些曾经做出过一定贡献,现在却跟不上企业发展步伐、自以为是的员工。在一个凭实力说话的年代,讲究"能者上庸者下",没有哪个老板愿意拿钱去养一些无用的闲人。

在美国通用电气公司,业绩观在其核心价值观中占有十分重要的地位。通用电气特别重视对员工的业绩观的培训。

新员工进入通用电气,公司会在培训时告诉他们:业绩在通用电气的文化中非常重要。在通用电气,所有员工无论是来自哈佛大学,还是来自一所不知名的学校,也无论以往在其他公司有着多么出色的工作经历,一旦进入通用电气,都在同一条起跑线上。每个员工必须重新开始,从进入通用电气开始，衡量员工优劣的是他在通用电气的业绩，是为通用电气所做的贡献，员工现在及今后的表现比他过去的经历更重要。

在通用电气，员工的升迁不是论资排辈，而是根据业绩和才能来决定的。才华突出的人很容易就能找到自己的用武之地，一夜之间连升三级早已不是什么稀奇事。杰克·韦尔奇本人当上首席执行官时也是年仅44岁，只因其业绩出众。

前通用CEO杰夫·伊梅尔特在负责通用电气医疗系统时，曾经有一年业绩不太好。通过一段时间的考察后，杰克·韦尔奇告诉他说："我们都很喜欢你，也相信你的能力，但如果明年你的业绩还不好，我们就必须采取行动了。"

当时杰夫·伊梅尔特回答道："如果结果不尽如人意，您不需要亲自来辞退我，因为我自己会离开的。"结果，第二年，杰夫·伊梅尔特的业绩又重新提了上去，并且业绩越来越突出。同时，通用电气也给了他相应的回报——职位逐级晋升。在通用电气，这种例子不计其数。

——摘自《干出你的工作绩效》

身为员工，必须懂得"没有苦劳，只有功劳"，这是现代企业的生存法则。资历不是业绩，不能靠资历吃饭，否则，职场之路将越走越窄。相反，如果你在工作的每一阶段总能找出更有效率的办事方法，你就能不断提升自己，就有可能被委以重任，成为企业不可或缺的人才。

第三章
快乐工作
——用热情释放个人潜能

当你拥有第一份工作的时候，你正在体现你生命的价值；当你做好一份工作的时候，你正在使你的生命升华。只有懂得工作不仅是为企业，更是为自己的人，才能真正懂得工作是多么快乐，生命是多么有意义。

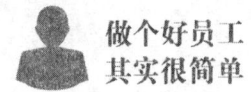

做个好员工
其实很简单

端正态度，工作是为了自己

现在有很多年轻的朋友，因为报酬不好、环境不好、公司不好、上司不好等理由而缺乏工作的热情，总会说"我不给他干了"之类的话。可是，他们恰恰忘了，自己到底是为谁在工作？

如果你认为每天是在为老板打工，那么你就大错特错了！抱着这种心态工作，你永远不会成长和发展，也将永无"出头之日"，更谈不上干一番事业！

生活中，一些年轻人原本拥有丰富的知识、非凡的能力，但他们不断地抱怨，常常面临如何找到下一份工作的难题。这样的年轻人终因"我不过是在为企业打工"的观念而自毁前程。

叶远是一家贸易公司的销售人员。刚进公司时，叶远浑身充满了干劲，总是积极主动地为公司做更多的事情。但是，随着他与老板接触时间的增多，他渐渐发现老板太苛刻了，根本不值得他如此勤奋地为公司工作。同时，身边的同事也劝他说："工作嘛，又不是为自己，说得过去就行了,干吗那么拼命!"叶远认为同事说得很有道理,便改变了以往的工作态度,常常花费很多精力来逃避工作,却不愿花相同的精力来努力完成工作。结果,等到公司年终总结时,叶远不仅没有得到梦寐以求的升迁和奖励,还被公司以工作态度不端正为由辞退。

——摘自《工作是为了自己》

我们不得不承认,我们在为企业工作的同时,也是在为自己工作。人生离不开工作,工作不仅能赚到养家糊口的薪水,同时工作中遇到的困难也能锻炼我们的意志。新的任务能够开阔我们的视野,与同事的合作能够培养我们的人格,与客户的交流能够训练我们的品格。从某种意义上说,工作是为了自己。

有位美国大公司的常务副总裁学的专业是企业管理,可他的第一份工作却是一个仓库保管员。在工作当中,他主动以货物的流通为切入口,通过各种货物的流通程序,查找流通过程中的问题和不足,积极主动地上交分析报告,主动提出各种合理化建议。他把公司的问题当作自己的问题去解决,十年间,他从保管员做到了副总裁,掌握着100亿美元的资金。

——摘自《工作是为了自己》

我们其实不是在为环境工作,更不是在为上司工作,也许我们是为了薪水而工作,但绝非现在的薪水,而是将来的薪水。倘若现在不积极努力,又怎能期望在将来获取更多的薪水呢?现在的付出一定会在将来的结果中体现。

美国著名出版商乔治·W.齐兹12岁时,便到费城一家书店当营业员,他工作勤奋,而且常常积极主动地做一些分外的工作。他说:"我并不仅仅只做我分内的工作,而是努力去做我力所能及的一切工作,并且是一心一

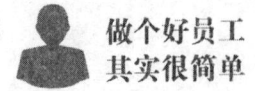
做个好员工
其实很简单

意地去做。我想让老板承认,我是一个比他想象中更加有用的人,只有这样,我才能够得到我想要的。"

——摘自《工作是为了自己》

我们每个人其实都是在为自己工作,因此,我们应该端正自己的态度,用心工作,努力付出,并坚持下去,相信总有一天,我们会得到应有的回报。

第三章
快乐工作——用热情释放个人潜能

努力工作，工作是立身之本

在这世上，每个人都是自己命运的播种者，今天所做的一切，都会深深地影响到自己的命运。种瓜得瓜，种豆得豆；几分耕耘，就有几分收获。

有句话说得好——"心态决定一切"。改变命运，首先要从改变思想开始。我们必须要拥有"为自己工作"的观念，认识到我们是为自己工作，也就意味着自我激励、自我负责。一个人能认识到自我激励、自我负责，才能把握自己的命运。

因此，我们要学会转变自己的心态，由"为企业工作"转为"为你自己工作"，由"要我做"转为"我要做"。只有对企业有了主人翁意识，有了高度的责任心和神圣的使命感，才会充分发挥自己的主观能动性，才会挖掘自己的最大潜能，为企业和个人创造可观的经济效益。

如果每一位员工都能从内心深处承认并接受"我们在为他人工作的同时，也在为自己工作"这样一个朴素的理念，责任、忠诚、敬业将不再是空洞的口号。

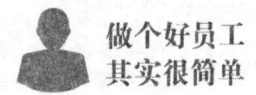
**做个好员工
其实很简单**

1910年,松下幸之助到樱花水泥公司做临时搬运工。他虽然年轻,但不强壮,在尘土飞扬的水泥厂干这种苦力活非常吃力,一天下来,他浑身像散了架似的。几乎所有做这种工作的人,都是为生活所迫,他们的目的就是挣钱度日,松下幸之助却把这项工作当作了解工人、学习如何与工人相处、学习如何管理工人的途径。

这为他日后走上管理岗位积累了丰富的经验。因此,即使是做一名搬运工,松下幸之助也将工作当成自己的生活方式,表现出超乎常人的勤奋和敬业。

——摘自《工作为了自己——如何改变自己的命运?》

我们工作,是因为我们需要工作;我们工作,是因为工作是我们人生旅程中一段重要的经历;我们工作,是因为我们需要谋求自己的发展和幸福。工作是我们自己的,而不是别人的。如果想得更远一点,我们就会发现:我们是在为自己工作,而不仅仅是为企业。

工作对我们而言是有很多好处的。工作能为我们带来足以养家糊口的收入,是人们生存下来的根本;工作几乎占据了一个人一半的时间,没有工作的生活是毫无乐趣、毫无精神支撑的。因此,我们说,工作是人们的立身之本。

《当幸福来敲门》这部励志电影,讲述的是已近而立之年的克里斯·加德纳为自己的工作而奋斗的故事。故事的开始,克里斯·加德纳事业不顺,生活潦倒。每天奔波于各大医院,靠出售骨密度扫描仪为生。为了自己能够有一个地方可以居住,有一份粗茶淡饭可以糊口,他必须每天卖出两个骨密度扫描仪。此时,工作对于他来说,就是养活自己的保障。他时刻告诉自己,只有不断地拼命工作才能让自己获得生活最基本的保障,才能让自己摆脱利息与房租的纠缠。

——摘自《工作是为了自己——工作是立身之本》

工作让我们在心理上产生了一定的安全感。因为有了工作，我们才能吃上饭，交上房租；因为有了工作，我们才能买漂亮的衣服和护肤品。工作除了满足了我们物质生存需要外，还满足了我们的精神需要。

如果我们暂时不知道该如何理解工作的意义，至少该知道，有工作是一件体面的事情。在日常生活的闲聊中，当朋友问及自己的工作时，相信任何人都不希望面对那种没有工作的尴尬。"我现在在家，不工作"，这样的话总是令人难以启齿。

人活着不光要有里子，还要有面子。有工作，有好工作就能帮你把所有的面子挣回来；否则，后果就只能自己掂量了。所以即使不为别的，就为了这些微不足道的面子问题，我们也需要工作；更何况工作还能给个人带来更多的价值。工作是有意义的，至少它能让工作者在工作的过程中实现自我满足。

既然如此，我们就要懂得在工作中发现细微的闪光点，用来点缀我们的生活，我们也要在逆境中开发自己的潜力。要知道：工作影响着我们的前途，影响着自我满足感的实现。所以，我们要在工作中不断感受自我，发现自我，最终实现自我。

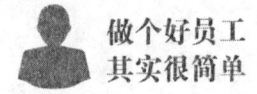
做个好员工
其实很简单

抓住机遇，打铁还需自身硬

在职场中跳槽很正常，但如果是频繁、盲目地跳槽，那就会越跳越糟。尤其是对大学毕业生来说，频繁跳槽的结果是光在那里适应新环境了，该学的一点都没学到，最多也就学了点皮毛。于是，时间浪费掉了，能力却一点没有提高。

与其这样，还不如就在现有的岗位上"跳高"：沉下心来，把该学的都学会了。随着自己能力的不断提高，更大的发展也就摆在面前了。

在《青年文摘》上，曾经刊登过一篇王磊写的《年轻人，你在职场第几层？》的文章，文中这样写道：

高宁在一家电脑公司工作，刚开始做的是库房管理员，负责搬卸货物，清点库房。因为工作枯燥，不到半个月，他就坚持不下去了，想要离开。

经理看他比较机灵，于是执意挽留他，并对他说了这样一番话："职场就好比是高楼，大家按照工作能力由低到高的顺序，分别站在不同的楼

第三章
快乐工作——用热情释放个人潜能

层里。而职场里的人分为人力、人手、人才、人物。所谓人力,只需要你在工作中肯卖力气就足够了;而人手,则需要你熟悉掌握工作,能应付突发事件;人才则需要你头脑灵活,能够在工作中提出创新性的方案;而人物就需要八面玲珑,用自己特有的方式为公司做出比较大的贡献。"

看高宁听得很认真,经理又说道:"年轻人,你在职场第几层?每个公司就是一座大厦,你如果只是不停地在各个大厦之间穿梭,而不是努力提高自己的本领,那你永远都只能在最下面的一层。"

这番话对高宁来说犹如当头棒喝。从那以后,高宁就像变了个人似的,开始努力工作。

每天卸完货,他不再像以前那样有时间就在屋里看手机小说,而是在库房仔细清点产品,把各种产品的型号、数量、出货量、入货量都牢牢记在心里。这样一来,由于对库房的产品非常熟悉,取货时间大大节省。来库房取货的工人们都对高宁的办事效率赞不绝口。很快,他的表现就传到了经理耳朵里,不久,他就将高宁调到办公室里,专门负责管理公司产品的保管和运输。这样一来,高宁就从最初的"人力"变为了"人手"。

到了办公室之后,高宁比以往更努力地工作。慢慢地,他发现公司业务量比较大,经常有客户自己来公司找保修人员维修电脑,有时几个客户一起过来,人手往往就不够。于是,他下决心自学有关电脑维修知识,并且利用休息时间帮着保修部门的同事修理电脑。时间一长,高宁不仅成了保修部门最受欢迎的人,而且自己也练就了过硬的维修电脑的本领。没人要求他去维修,也没人要求他去学习维修知识,但高宁却主动做了,并做得很出色,正因为一般人做不到而他做到了,他自然就成了"人才"。

后来,一个偶然的机会,他发现研究生对笔记本电脑的需求比较大,于是向经理建议挖掘这个市场,并且做出了不俗的成绩。公司的高层意识到他是个人才,于是便将他调去做市场开发。在短短一年的时间里,高宁

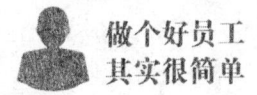
做个好员工
其实很简单

就成了公司里的销售明星,一个让大家佩服不已的人物。不久之后,经理被任命为集团的副总,高宁也被他推荐到了副经理的位置。就这样,高宁很快就从最初最不起眼的库房管理员,变成了公司不可或缺的"人物"。

——摘自《从人力到人手,从人才到人物》

高宁的经历对许多身在职场的人来说很有借鉴意义,谁都希望自己是"人物",但这并不是想要就能有的,必须有一个过程。刚开始时,没能力、没经验、没资历,从第一个层次也就是"人手"做起是很正常的。起点低并不可怕,关键是如何迅速提升,尽快缩短从"人力"到"人手",从"人才"到"人物"的过程。

故事的主人公为我们提供了一个很好的"岗位跳高"的榜样,如果不愿意在职场最底层待着,那么唯一的办法就是不断学习和提升自己的能力,当你的贡献大的时候,职场最高层的位置才有可能真正属于你。

季清是某电讯公司的副总裁,进入电信业之前是一家合资银行的首席代表,几乎对电信业一无所知。"刚开始的时候,跟客户开会、谈判还好,因为之前会做很多准备。可是一到大家一起用餐的时候,我就忐忑不安,因为即使闲聊,也一定会聊到行业内的情况,而我几乎找不到话题。"季清坦诚地说,"没有别的办法,只有拼命恶补。每天看书和上网查资料直到深夜,跟行业有关的报刊本本不落,甚至跟人家开玩笑说'邮电报是我的党报'。"出门时季清也总会随身带本专业书,碰到堵车时就拿出来读。慢慢地,她就进入"角色",能发表独到的见解了。

"刚进入一个新的行业,别人在走,而你一定要大步跑。追上了才能从容,才能变着花样走后面的路。"季清这样说道。

虽然经历了十多年的积累,但季清直到今天也不敢有一丝放松,现在她已经做到一个大区销售经理了。季清现在更要求自己多去看其他行业客户的业内信息,为的是能让客户感觉到"你不光在卖给他东西,他还能从你这里获得启发和灵感"。

季清说:"任何时刻都要有提高专业知识的意识,自己多下功夫也是一样的,'忙'绝对不是理由。"季清说,追上了才能从容,只有使自己变得专业才能拉开追逐的距离。

——摘自《如何提升你的专业素质》

只有专家型员工才是赢家,只有内行才能发展。研究表明,专家型员工的成功率远远高于通才。经济社会的发展对人才提出了更高的要求,要得到用人单位的垂青,必须要有过硬的本领,真正拥有"绝活"。那些文化水平低、无技能,只能从事重体力劳动或简单劳动的人,已不能满足社会分工越来越细的要求,更不能满足现代企业对科技、知识型人才的需求。而专家型员工,虽然知识并不全面,但由于对某一领域的深入研究,使得他们在企业的发展中发挥了至关重要的作用,即使是高学历人才也无法替代。

曼斯是德国一家工厂的普通技术人员。有一次,工厂的电机突然坏了,全厂停电,一大帮技术人员围着电机急得团团转,就是找不出毛病,他们使出浑身解数仍未能解决问题。正当厂长打算另请高明时,曼斯毛遂自荐。

曼斯个子矮小,满脸胡子,穿着沾满油渍的工作服。他对厂长说:"可不可以让我试试?"

许多人都瞧不起他。厂长也质问道:"你几天能修好?"

曼斯想了想,说:"三天时间吧。"当问他用什么工具时,他说只用一把小铁锤、一支粉笔就行了。

白天,他围着电机转悠,这儿看看,那儿敲敲;晚上,他就睡在电机房。到了第三天,人们见他还不拆电机,不禁怀疑起来,他的同事让他别打肿脸充胖子了。

一位跟他最要好的朋友对他说:"修不了就赶快撒手吧!"

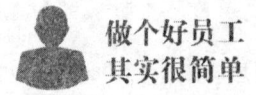
做个好员工
其实很简单

可是他笑着说:"别急,今晚就可见分晓。"

当天晚上,曼斯让人们搬来梯子,他爬到电机顶上,用粉笔在一处地方画了一个圈,说:"此处烧坏线圈18圈。"

技术人员半信半疑地拆开一看,果然如此,电机很快就修好了,并恢复了正常运行。

那位和曼斯要好的朋友问他为什么会如此神奇,曼斯认真地答道:"除了认真掌握专业知识以外,没有别的好办法。"

曼斯的职务虽然很低,但他能精确地找出电机的毛病,啃下工作中的硬骨头,这与他超强的专业能力是分不开的。

——摘自《机会来自主动和争取》

业务能力是解决问题的关键,在如今激烈的职场竞争中,只有拥有一项过硬的专业能力,你才能轻松地解决问题,只有业务素质过硬,你才能在自己的岗位上创造奇迹!

第三章
快乐工作——用热情释放个人潜能

拥有责任心，铸就职业化

很多人都认为，能力是职场发展的根本。其实并不完全是这样，还有一样东西比能力更重要，那就是责任心。

我们在职场中经常会看到这样一类人，他们有能力不假，但他们能力的运用是有前提条件的：对自己有好处、有利益的时候才用，否则就不用，能躲就躲，能推就推。这样的人在职场上，很难得到重用。有责任心的人则不一样，即使开始能力差一点，但因为一心只想把事情做好，那么自然就会想尽办法学习和提高。最后，能力上去了，而境界也摆在那里，这样的人，发展的前景可想而知。所以，责任心任何时候都是职业化的灵魂。

有了责任心就不会找任何借口，只要是与工作有关的事，都是自己该尽力去做的事，甚至把不可能的事变成可能。

在《移动周刊》上，曾经刊登过一篇《飞跃客户心中的喜马拉雅》的文章，身为中国移动湖南分公司客服部工作人员的作者写了这样一段亲身

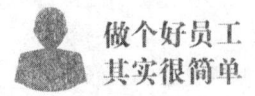
**做个好员工
其实很简单**

经历：

一天，她接到一个电话，当她像往常一样询问对方需要什么帮助时，电话那边却没有声音。过了好一会儿，对方突然低声说："喂，我和女朋友要分手了。"如果一般人接到这样的电话，多半会想：这也太可笑了，你和女朋友分手怎么把电话打到这儿来了？这儿又不是心理咨询热线！甚至会想，对方该不是精神上有什么问题吧？可能直接就会把电话挂了。但她却没有这样做，而是小心地问对方："先生，这和我们移动公司有什么关系吗？"

谁知一听她这么问，对方的情绪立即激动起来了："怎么会没关系？都是因为你们移动，害得我和女朋友总是吵架，现在都要分手了，我再也不相信你们移动了！"还没等她反应过来，对方"砰"的一声就把电话挂断了。这下她可真是一头雾水，到底是怎么回事？可能很多人接到这样的电话，听完也就拉倒了，甚至将它当作一个骚扰电话处理了。但她却想，听对方的语气不像有意找茬，可能真的是遇到什么问题了。

她下决心把事情弄清楚，于是查找来电记录，发现对方当天拨打了5次客服的电话，每次都不到一分钟。这样看来，客户可能是认为客服不会帮他解决问题，所以他只是通过拨打10086来宣泄他的不满。

因为不想让客户放弃对公司的信任，她决定了解一下到底发生了什么事情，于是拨通了对方的手机。然而，她刚刚说了声"您好，我是10086的客服代表……"对方就大声喊道："我心情不好，你不要来吵我，跟你们移动公司没什么好讲的，烦躁！"然后又是"砰"的一声把电话挂断了。遇到这种情况，很多人都会觉得很委屈：我出于一片好心才打了这个电话，他却一点也不领情，简直太让人生气了，算了，我也懒得管了。但她却并没有这样做，第二天又拨通了对方的电话。在她热情而耐心的引导下，对方终于向她讲述了事情的原因。

第三章
快乐工作——用热情释放个人潜能

原来,那位客户住的地方比较偏远,手机信号不好,电话老是接不到。久而久之,他在外地工作的女朋友就疑心他瞒着自己交了别的女朋友。

前几天,他给女朋友打电话,好不容易打通了,两人正准备好好聊聊,谁知手机这时却串了线,出现了另外一个女孩的声音。这样一来,他的女朋友就更加坚信自己的怀疑,吵着要分手,他怎么解释都听不进去。因为满腔的委屈说不出来,他就把怒火都发泄到了移动公司身上,所以才有了开始的那一幕。

原来是这么回事,于是她决定帮助这个客户。放下电话,她就拨通了客户女朋友的电话,经过反复的说明和解释,客户的女朋友终于相信了那只是一场误会,并表示不再赌气了。等她把这个消息告诉客户时,客户高兴得不知道说什么好,就在客户不停说着谢谢的那一刻,她觉得非常高兴,因为自己勇敢地飞跃了客户心中的喜马拉雅。

——摘自《三个月成为一流员工》

相信看了这个真实的案例,很多人心中都有很深的感触。因为心中有一份"不让任何一个客户失去对公司信任"的责任,所以不管对方不理解也好、有怨言也罢,她都能心平气和地接受,并且在一次次努力下,弄清问题的原委,并找到解决的方法。其实,她不仅飞跃了客户心中的喜马拉雅,也飞跃了自己心中的喜马拉雅。

只要有责任心,那么就没有解决不了的问题,没有找不到的方法。

在《执行重在到位》一书中有一个核心观点——"100-1=0"。这个核心观点,其实表达的是这样一个内涵:"小心1%的疏忽毁掉99%的努力"。很多时候,即使前面做了100分的努力,但如果疏忽其中任何一个环节,那么再多努力也可能是白费。

在工作中,我们要常常警惕诸如"这样就可以了""用不着那么仔

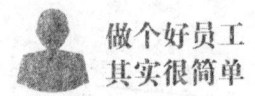
**做个好员工
其实很简单**

细，不会有问题""这点小事不可能出错"这样的念头，因为魔鬼往往就存在于细节当中。如果没有高度的责任心，一个细小的疏漏就可能引起严重的后果。不要觉得这是危言耸听，我们不妨看看一件轰动全国的事件。

不久前，多家媒体纷纷报道了这样一则新闻：《头等舱机票20元卖出300张　东航操作失误担损失》。事情的经过是这样的：2010年1月18日，东航官方网站登出一则特价信息：南昌至厦门头等舱票价只要20元，经济舱10元。此外，东航从南昌起飞至上海、厦门、北京、昆明等多个航线的航班也都大打折扣，出现了0.2折的惊人价格，很快，300余张机票卖出去了。

这可真是太奇怪了，谁都知道春运时的票是最紧张的，折扣也是最少的，这样的价格，简直就是"天上掉馅饼"，怎么可能呢？后来经过核查，原来是一名工作人员把机票价格输入错了，经过一定的折扣计算，就出现了如此离奇的超低价格机票。就因为工作人员一个小小的疏忽，300多张特价机票导致东航损失高达21万元人民币。

通过案例，我们深深感到小疏忽、小细节的重要性。细节决定一切，注重细节就是重视责任，忽视小事就会出现意想不到的问题。

一个小小的失误就可能带来无法想象的后果。所以，我们必须重视细节、认真负责，时刻提醒自己认真对待每一份工作中的每一个细节，只有这样才有可能避免工作中的失误。

良好心态让自己不可或缺

现实中，不论你从事的工作多么微不足道，只要你能以自己的工作为荣，有自强不息的工作态度、火焰般的热忱、主动进取的精神去工作，那么用不了多久，你便会从平庸的岗位上脱颖而出、崭露头角。这种以工作为荣、积极主动的精神会帮助你取得辉煌的成绩。

在某种程度上，了解一个人的工作态度，相当于了解了这个人。同样的道理，了解一个人的工作成就，同时也了解了这个人的价值。

一个人的工作态度是丑恶还是美丽，可憎还是可爱，都是由他自己一手创造的。任何一份正当、合法的工作都是高尚的，每一个认真对待工作的员工都是值得尊敬的，关键是你如何摆正自己的心态。

在任何一个企业里，每一个工作岗位都是有意义的，任何一份工作都是值得热爱的。如果你轻视自己的工作，那么，别人也必然会因此而轻视你的德行及你粗劣的工作成绩。所以，一个轻视自己工作的人，不但在别人眼里没有任何价值，对他本人来讲也一样没有价值。

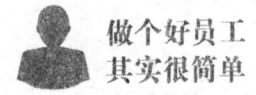
做个好员工
其实很简单

现实当中,也许会有一些看上去不是很体面的工作岗位,也没有很多人去关注它。但是,你千万不要由此而看轻这样的工作,你要用自己的尺度来衡量它,只要它存在就是有价值的,就值得你去做好它。你完全可以在这样的工作中提升自己的工作能力,为公司也为自己创造价值。

轻视自己工作的人,其实就是职场的懦夫。在他们眼里,只有当上经理、总裁才算得上好工作,而对自己手中的工作却心不在焉。他们希望拥有体面而轻松的工作,却不敢面对自己工作中的挑战。其实他们也清楚,只有努力挑战眼前的工作,做出成绩来,才能有机会得到晋升,拥有理想的工作。可是他们却畏惧挑战,并且找出许多理由,这样的懦夫会成为职场的成功者吗?所以,那些轻视自己工作的人,往往是职场上的被动者。

我们不要简单地看待工作,看成是在为他人干活。在工作中,我们可以看到比我们的工资更富有意义的东西,比如经验、知识、信心和乐趣。工作越热情,决心越大,工作效率就会越高。以这样的热情去对待工作,我们就会乐在其中,也就会有很多人请你去做你乐意做的事。

工作的目的是使自己快乐!每天工作8小时就如同快乐的游戏,这是多么划算啊!我们要时时提醒自己就是整个团队的焦点,自己就是胜利的象征,只有自己的团队在战场上取得胜利,自己才算取得了真正的胜利。工作中我们要树立起坚不可摧的责任心和使命感。

很多就职于大公司的员工,虽然受过专门的职业训练、业务精通、收入不菲,但往往并不快乐!他们会感到孤独、紧张、毫无激情,无论是身体还是心理,都令人沮丧。他们工作仅仅是为了生存,因而也就常常在工作中表现得很冷淡,无精打采,没有丝毫热情。

如果工作时能精益求精,满怀热情,那么,无论干什么,你都不会觉得辛苦。以最热忱的态度去做最平凡的工作,你可以成为最出色的艺术家。行行有机会、行行出状元,我们没有理由藐视任何一项工作。对工作持厌烦、冷淡态度的人必定失败。成功者的秘诀在于真诚、乐观和执着，而不是对工作的厌烦与冷淡。

在工作中，如果在企业内部营造一种充满使命感的自尊氛围，便有助于提高公司职员的社会地位，不至于被人贬低，也可避免其受到更具竞争力的职位的诱惑。

据有关资料显示，很多人在和别人谈论自己的工作时总是把自己的工作夸得非常重要。比如，一位负责在前台接待来宾的职员可能会告诉别人，他的职位是总经理秘书；一位从事销售工作的员工，可能很不愿听到别人提起"销售量"这个词，他认为自己是一个"大客户经理"。为了能让自我感觉更加良好，很多人学会了吹嘘自己。在我们的社会里，人的工资收入通常和人的职位相挂钩。例如有人驾驶着豪华轿车，可车却不是他自己的，所以他对自己的职业并不满意。如果企业只靠工资留住职员，那企业的损失可能惨重，人员流动率也会越来越大。

如果一个企业旗下的员工认为自己仅仅是一个微不足道的小人物，觉得他的工作任何一个人都可以替代，而企业管理人员为了使工作效率更高一些，总是喜欢拿着工资单在员工的眼前晃来晃去；在工作中，员工们尽职尽责地努力没有得到老板或其他同事的认可，这些都会对员工造成不同程度的打击。只有增强员工的使命感、归属感，才会促使员工更努力地完成任务，促使他们急企业之所急，自动地去加班。每一名员工都以自己所从事的职业为荣，并认为自己是企业这个大集体中很重要的一员。并且具有这样一种理念：在数以万计的求职者当中，自己是非常幸运的，如果有一天他离开了这个企业，企业将会蒙受损失。作为员工还要经常对自己说：我不是可有可无的，我是整个企业不可或缺的一部分！

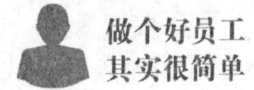
做个好员工
其实很简单

把工作看成自己的事业

在现在的职场中，有不少的人把频繁跳槽视为能耐，将投机取巧当做本事，上司一转身就懈怠下来，没有监督就不认真工作。敷衍塞责、装腔作势、缺乏责任心和敬业精神，像这样的人一辈子都难成大事，因为他缺乏一种老板心态和主人翁精神。

什么是老板心态？你在这个企业工作，企业就是你的，你就应该是公司老板，应该有一种主人翁的心态。这公司是我们的，我要为它的繁荣和发展贡献自己的才智和心力。

有句俗话说："不要往自己喝水的井里吐痰！"无论你是公司的一名普通员工，还是某个机构的一名职员，对于你所在的组织，你都不要诽谤它，不要伤害它，因为轻视自己所就职的机构就等于在轻视你自己。

我们一定要把公司视为自己的公司，作为自己衣食所需、精神所托的地方，这样才能做好工作，使自己的内心和生活因为公司的发展而充实起来。如果你能接触到跨国公司的员工就会发现，他们无论在公司做什么工作，都有一个共同点，那就是一谈到自己供职的公司总是充满信心和自豪，为自己能够成为这样一个公司的一员感到光荣。他们也有从这个公司跳槽到另外一个公司的现象，但是，当谈到以往就职的公司，他们也总是表现出对公司和公司老板的敬意。这不能不说是一种令人尊重的历练和职业操守！

除了一些个体老板是自营经济组织，绝大多数人都要在一个社会组织中奠定自己的事业生涯。公司是多数人的选择，只要你是公司的一员，你就应当将全部身心彻底融入公司，为公司尽职尽责，抛开任何借口，为公司投入自己的忠诚和责任。

一位报社的总编每次在给新学员培训的时候总是提到：记者的24小时都是报社的。他的意思是说，发生在你记者身边的任何事情可能都是报社的新闻素材，你随时需要举起手中的相机，随时需要录音采写相关的内容，这是对职业素养的基本要求。

工作时，以老板的心态对待工作，就要像老板一样，把公司当成自己的事业。如果你是老板，你一定会希望员工能和自己一样，更加努力、更加勤奋、更加积极主动。因此，当你的老板提出这样的要求时，你就应当积极努力去做，用心去做，创造性地去做。

谭丁是沃尔玛中国的总商品经理。从1995年沃尔玛中国开始筹备的时候，刚刚从上海交大毕业的谭丁就加入了这家世界最大的公司。由于对采购工作根本没有任何经验，当时的谭丁工作进行得极其艰难。但是，她始终坚持一个原则，随时都要想着为公司争取到最大的利益。

正是有了这种老板的心态，她在工作中逐渐积累经验，逐渐掌握了谈判的要诀和技巧，同时注意把握一种双赢，考虑到供货商的利益，终于打开了采购工作的局面。就这样，她从一个普通的采购员升任到助理采购经理，再到采购经理，到现在已经成为总商品经理。如今她已经被列为沃尔

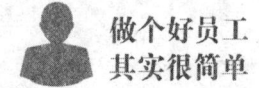

玛的TMAP计划培训，这个培训计划的目标就是成为接班人，可能是上一级主管，也可能是更高的管理层。同事们都认为她会有很大的上升空间。

——摘自《老板心态与打工心态》

有了老板心态，你就会成为一个负责任的人。一个值得老板信任的人，也是一个可托大事的人。一个为公司事业尽职尽责的人，往往已经把这份工作看成是自己的事业，而自己的事业就会更用心、更精心、更专心地去完成好。

第四章

绝对服从

——不为失败找借口，只为成功找方法

　　服从在任何一个组织中都是毫无辩驳的游戏规则。也许，绝对服从只适用于军队。但是，对于一个企业而言，服从也同样具有它不可估量的价值。

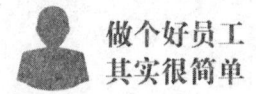

服从是一种品质,更是一种责任

通常来讲,服从是一种行为,是一种意识,是一种品质,更是一种责任。

"服从第一"的理念如果不能渗透到每个员工的思想当中去,那么这个公司就没有纪律的约束,是没有发展前途的,在市场竞争中一定会失败。因为所有团队运作的前提条件就是服从,没有服从就没有一切。所谓的创造性、主观能动性等都是建立在服从的基础之上的,否则,再好的创意也推广不开,也没有开发价值。

事实也是如此。一家企业的制度和战略的形成,都是无数商战和管理者的智慧、经验的结晶,但因为员工的不服从而宣告失败。这些教训实在太多了。因此,一些优秀的企业严格规定,一旦制度和战略形成,任何人都必须百分之百地支持和无条件地服从,甚至管理者也不得寻找任何借口。

现在的企业中普遍存在着有令不行、拒不服从或者阳奉阴违的现象。

一般来说，企业高层的主要责任是决策——做正确的事；中层的职责是执行——正确地做事；基层人员的主要责任就是操作——迅速地完成任务。如果企业缺乏服从的习惯，就会造成执行力下降、效率低下，最终被竞争者淘汰出局。

当然，执行力度不够也可能是领导能力的问题，但是根本的原因就是服从的问题。如果领导者做了决定，服从者打了个折扣，甚至寻找借口不执行决定，最终就会造成有令不行的现象。这时，如果领导者推开下属，自己动手去完成任务，就会造成企业管理的层级没有了，权力下放的通道被堵塞了。这样必然会引发恶性循环：下属愈加不负责任、不听指令，领导者去做下属做的事情，遗忘了自己的职责，耽搁了企业存亡的大事。

其实，军队的服从和企业的服从本质上是一样的，只是程度有所不同。军队的服从讲的是铁的纪律，既要服从长官的指挥，又要在某些情况下牺牲个人的利益。比如说，要求大家既能从小事着手，做好手头的每一件看似微小的事情，又能密切关注周围的局势，在大事到来时，不发生任何闪失。不要以处理好每件小事为满足，在必要的时候要学会舍弃小范围利益而顾全大局，这就是领导者素质的培养。因为，在危及存亡的时候，领导者的决策行为就会发生迅速而巨大的作用，而领导行为就是高度的服从、诚实、专注以及自我牺牲。

企业也何尝不是这样，在通常情况下，每个人各司其职、各就其位，做好本职工作，而当企业突然遭遇一些巨大的危机时，就像部队突然遭到炮火袭击一样，这时候的服从便显得尤为重要了。服从是一种行为，是一种意识，是一种品质，更是一种责任，它不以你的意志为转移。

第一，服从没有面子可言。面对你的上级，应该借口少一点，行动多一点。在企业中经常会遇到这种情况：在一些主管接受一项业务时，不是一次就把事情做了，而是先让交代任务的人走开。"我现在很忙，先放

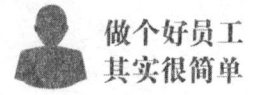

在这儿"，好像马上去做就会显得自己不权威、不繁忙，其实，这样做的主要原因就是好面子。有人戏言，承认自己"在家怕老婆"的人一定能当官，这一观点有其正确的一面。在优秀员工的身上，好面子而延误工作的事绝不会发生。上级一旦安排了工作，他们就会无条件地立刻行动，因为服从面前没有面子可言，这是下属的分内事，即职责。

第二，服从还应该直截了当。在企业中，需要这种直截了当、畅通无阻的传递过程。没有"顾忌"、没有"烦琐"、无需"协调"、无需"磨合"，全力而迅速地执行任务。这是一个非常重要的指标，是管理效能的一个非常重要的方面。

第三，接受当先。企业主管作出的任何一个决策都不是一拍脑门就决定的，他的工作是系统性的，你的某项任务只是其中的一个环节，不要因为你这一环节影响到全局工作的进程，他之所以将任务分配给你，包含了他个人的判断，而你认为"不可行"，那只是你个人的判断。你可以先接受他分配给自己的任务，如果在执行过程中出现了问题，再去与主管沟通。千万不可马上推辞，并列出一堆理由来说明你的困难，这是最不受领导欢迎的。切记这一点。

第四，随令而动。立即行动是一种服从的精神。企业也应该具有这种精神——随命令而行，不能有一时一刻的拖延，因为每一个环节都随令即动，就能积极高效地在第一时间内出色地完成既定的任务，从而使企业成长为"坚不可摧"的组织。

在工作中，即使你的领导有很多不足之处，但至少有一点你不如他的地方，那就是他拥有一定的资金、人才、商品、技术和社会关系等资源，而作为员工的你，只有服从并执行的责任，不能你高兴了就绝对地服从，不高兴就拒绝。

在军队中，服从是军人的天职，绝对服从只适用于军队。但是，我们从这个"第一天职"里面知道,遵守"服从第一"的效率是最高的,否则就可能在战场上流血牺牲。"服从第一"的理念,对企业同样有参考价值。

服从是一种美德,职业人必须以服从为第一要义,不懂得服从,没有纪律约束,你将不能在职场中立足。每一位员工都必须服从领导的安排,就如同每一名士兵都必须服从上级的指挥一样。大到一个国家、军队,小到一个企业、部门,其成败很大程度上就取决于是否完美地贯彻了服从的观念。士兵以服从命令为天职,员工则应该以服从安排为责任。

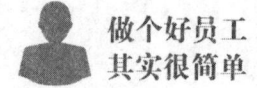
做个好员工
其实很简单

忠实服从，以服从为第一要义

生活中没有谁一辈子不会挨批评，工作中同样如此，没有谁可以保证自己不会被人批评，尤其是被上级批评。有些人被领导批评过之后，觉得脸上无光，于是产生对立情绪，与领导唱反调，最终让领导更加气愤难当，只能下逐客令，这样的结局对谁有利？工作中，最让领导恼火的就是他的话被当成了"耳旁风"。虚心接受批评，能体现个人对领导的尊重，对团队的服从，是一个人优秀素质的体现。

当然，你难免会在公开场合受到"不公正"的批评、错误的指责，会给自己造成被动的局面。最好的解决方法是，一方面私下对上级耐心做出解释；另一方面，用行动证明自己。直接顶撞领导的做法是不可取的。

小李从事电视剪辑工作。刚到公司，需要学习的东西很多，他经常被分派许多任务，忙得昏天黑地。一次，为了完成任务，他半个月的时间未出房间，到最后交工的时候还被老板训得狗血喷头。慢慢地，他有些不愿意工作了，对于老板的命令也不能百分百地服从，即使把工作接下来，抵

第四章
绝对服从——不为失败找借口，只为成功找方法

触情绪也很高。他总认为老板是针对他个人，好像不喜欢他。

其实，现实中像小李这样的员工决不在少数。他们往往因为一时的辛苦，就对自己的工作有所怀疑，加上老板有时会对自己进行批评，就会产生抵触情绪。其实，有一点经验的人都知道，这样做的直接后果就是自己受伤害。

聪明的老板会给员工公平的待遇，而员工也会以自己的服从予以回报。如果我们是老板，一定会希望员工能和自己一样，将公司当成自己的家，更加努力、更加勤奋、更加积极主动。因此，当老板发出命令时，我们应该学会从老板的角度出发，接受他的命令和批评，而不要产生对立情绪。因为，我们的对立只会影响工作，对自己更不利。

如果我们觉得老板不够公正，首先要冷静几分钟，想一想"他为什么这样做"。如果我们过于情绪化，或者一向对上司有成见，可能会和他大吵一架，而这样只会使情况更糟。要始终坚持"对事不对人"的态度，了解老板的真实想法，顺应老板的思路，冷静、客观地提出要求。不能获得老板的赏识，肯定是某一方面出现了差错，我们应该学会积极检讨自己的工作态度和成绩，如果的确不够出色，那么应该利用老板挑错的机会改进提升，而不是原地踏步。

为了公司的利益，老板只会保留那些最佳的员工，而没有对立情绪的人绝对是其中一类。同样，每个员工都应该意识到，自己与公司的利益是一致的，而不是对立的，全力以赴地工作才是最佳状态。只有这样，才能获得老板的信任，并最终改变自己的状态，寻求更大的发展机会和平台。

在一个公司里，老板和员工的关系是和谐统一的，这个公司才是朝气蓬勃的、富有潜力的，才是不断发展进步的。因此，一个优秀的员工，应该学会服从，而不是对立。即使老板总是对自己不满意、总是分派最重的

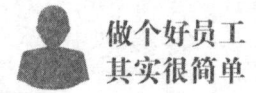

活、总是批评指正，也不要产生对立情绪，因为，老板之所以这样，是因为他看重我们，希望我们有机会更快地成长。当老板对我们没有任何要求时，那就表明他对我们不再抱任何希望，也就是要放弃我们的前兆了。有失必有得，我们何不抓住机会提升自己？

作为下属，对领导服从是第一位的。下级服从上级是上下级开展工作、保持正常工作关系的首要条件，是彼此融洽相处的一种默契，也是领导观察和评价下属的一个尺度。

下属应该以服从为第一要义，在具体过程中，要注意把握以下几个方面。

1. 配合有明显"缺陷"的领导

当今社会是一个科学技术飞速发展的时代。有的领导因为年龄大，工作比较早，文化基础并不是很好，专业知识也不是很精通，对新鲜事物适应慢。这样的领导或多或少在那些高学历的下属面前有一点点的自卑，所以他们对下属的反映、评价都很敏感。在给下属下达命令的时候，领导总是非常谨慎。服从这样领导的命令，我们就应该借鉴领导多年的管理经验，用自己智慧和才干来弥补领导在专业知识上的不足，主动献计献策，积极配合工作。这样一方面表现出对领导的尊重与支持，同时又能施展自己的才华，成为领导的"左膀右臂"。这样，领导不但会记住你，还会感激你。

2. 在服从中显示才智

在公司中，那些才华出众、精通专业技巧的"专家型"下属总是受到领导额外的礼遇，很多时候，一项工作的执行与成功程度往往取决于下属服从与否。如果你是一位有才华的人，想在工作中有所建树，就应该认真执行领导交待的任务，巧妙地弥补领导的不足，在服从中显示自己的不凡。这样，你很快就会成为领导倚重的对象。

3．勇于接下棘手任务

在平时的工作中，领导会碰到很多麻烦事，例如下属之间的争吵，难办的工作等。

在关键时刻，我们能主动站出来，服从领导的安排，勇于接下棘手的任务，为领导解燃眉之急，领导会大为感激，我们也会给领导留下深刻的印象。

"金无足赤，人无完人"。身为领导，也可能能力有限、可能处事不够圆滑、可能有诸多小毛病等。但无论如何，作为下属，我们都必须做到以服从领导工作安排为第一要义。

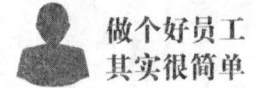

做个好员工
其实很简单

坚决服从,但不等于盲从

职业人必须要以服从为第一要义,没有服从观念,就不能在职场中立足。每一位员工都必须服从领导的安排,就如同每一个军人都必须服从上级的指挥一样。大到一个国家、军队,小到一个企业、部门,其成败很大程度上取决于是否彻底贯彻了服从观念。

在一个高效的企业里你会发现服从观念早已深入人心。每一个员工都不会置企业利益于不顾,他们的服从意识让他们在自己的岗位上创造了最好的业绩,为整个企业的发展做出了自己的贡献。

一个优秀的员工必须要有服从意识,因为任何一个组织都必须要有严格把关的人来领导和协调各个部门、各个岗位的工作。上司的地位、责任使他有权发号施令,同时上司的权威和他以整体利益为出发点的战略高度不允许部属抗令而行。如果下属不能无条件地服从上司的命令,那么整个组织在达成共同目标时,就可能产生障碍;反之,则能发挥出超强的执行能力,整个团队也就达到了优化组合并能取得不可估量的成果。

第四章
绝对服从——不为失败找借口，只为成功找方法

当然，人无完人，上司的决策也有错误的时候。但是，作为一个普通的员工或者一个管理者，你很难断定决策是对的还是错的，因为很多东西在没有最终答案之前无法确定它是对是错。当你认为他的做法错误的时候，不要与你的上司对着干或者不服从调配。你可以大胆地说出你的想法，让你的上司明白，作为下属的你不是在刻板地执行他的命令，你一直都在斟酌考虑，考虑怎样做才能更好地维护公司的利益和他的利益。

但是，无论你在公司的职位有多高，只要你身为公司的员工，你就要谨记一点：你是来协助上司完成经营决策的，而不是制定决策的。所以，上司的决定，哪怕不尽如人意，甚至与你的意见完全相反，当你的建议无效时，你也应该完全放弃自己的意见，全心全力去执行上司的决定。在执行时，如果发现这项决策的确是错误的，则尽可能把错误造成的损失降到最低限度，这才是你应有的态度。

麦克阿瑟不服从上级指令可是历来有名的。在20世纪20年代末至20世纪30年代初的经济危机期间，一些退伍军人及其家属到华盛顿请愿，要求政府发给现金津贴。当时任陆军参谋长的麦克阿瑟到示威现场阻拦，在任总统胡佛指示麦克阿瑟不要动用军队对付示威者，麦克阿瑟对总统的指示不予理睬，用军队驱散了示威的人群。

第二次世界大战结束后，杜鲁门总统尽管对麦克阿瑟印象不佳，但还是委以重任。麦克阿瑟对日本的政治、经济进行了力度非常大的改革，使日本基本上消除了军国主义、法西斯主义，走上了社会经济迅速发展的道路。但麦克阿瑟在没有经过华盛顿批准的情况下，擅自将驻日美军削减一半。麦克阿瑟的举动实属目中无人，杜鲁门大为恼火。战争结束后，杜鲁门两次邀请麦克阿瑟回国参加庆典，都被麦克阿瑟以"日本形势复杂困难"为由回绝。

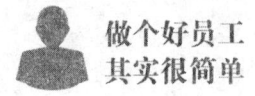
做个好员工
其实很简单

　　1951年4月11日，杜鲁门总统下令撤消了麦克阿瑟的一切职务。最让麦克阿瑟尴尬的是，他是在新闻广播中获悉自己被撤职的。这一消息实在太突然了，没有丝毫思想准备的麦克阿瑟听到后，面部表情一下子呆滞了。他万万没有想到，功勋卓著的他会被总统在战场上撤消一切职务。

——摘自《服从第一》

　　可见，任何人都没有理由不服从组织的决定，哪怕你功勋卓著、才华横溢，当你成为组织中的一员时，你首先要做的就是服从。否则，你就将失去展示自己才华的舞台。因为，组织需要的不是你一个人的表演，而是全体成员配合默契的大型表演。

　　记住，服从比什么都重要，但服从不是盲从，我们还要抱着对老板负责的态度去执行。在服从的时候要对公司的整体利益和领导个人负责，也就是说只服从老板明智的指示，要知道老板也是会犯错误的。假如你只是一味地服从而不知道其中的责任，那么你将是一个永远没有主见的跟屁虫。你要把握好这样的一个尺度，才能在老板跟前站稳脚跟。

　　在服从的时候，既要尊重老板权威，还要注意对老板负责。唯有长时间如此你才能得到老板的信任，使老板委你以重任，让你独当一面。假如你只是不动脑子，一味接受指示、一味的执行，不分对错，将是事倍功半，虽会得到一时的赞赏和鼓励，却永远只是一个不起眼的员工。

　　当老板向你下达任务时，你应该学会分析辨别，哪些是必须执行的，哪些是要坚决拒绝的，然后去做正确的事，这样才不会犯错误而影响自己的前途。

第四章
绝对服从——不为失败找借口，只为成功找方法

不服从的员工，是最糟糕的员工

在工作中，服从领导是每个员工工作中必不可少的原则。如果一个员工不懂得服从，思想上没有服从的观念，那么终将会被企业所淘汰。

在下属和上司的关系中，服从是第一位的，是天经地义的。下属服从上司，是上下级开展工作，保持正常工作关系的前提，也是上司观察和评价自己下属的一个尺度。因此，作为一个合格的员工，必须服从上司的安排。

在平常的工作当中，员工要服从领导，认认真真地做好每一件事。要敢于挑战，在难事、急事面前不低头，不管问题再多、困难再大、矛盾再复杂、任务再艰巨也要努力克服，尽量不把矛盾上交，一定要防止和避免推诿扯皮、敷衍推卸的不负责任言行。

服从可以让人放弃任何借口摆脱一切惰性，摆正自己的位置，调整自己的情绪，让目标更明朗，让思绪更直接。对于命令，首先要服从，执行后方知效果，还未执行，就发挥自己的"聪明才智"，大谈见解和不可执行的理由，这种人走到哪里都是不受欢迎的角色。对于有瑕疵的命令，

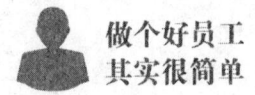
做个好员工
其实很简单

首先是服从，在服从后与领导交流意见，就是完成任务后的总结。这种总结是尤其可贵的，它让你更成熟、更优秀，并逐步显露出你的价值。企业就是如此，在服从、执行、总结的过程中攻克一个个难题，并相应调整策略，为完成下一个任务做准备。服从是成功的第一步。

"员工的天职就是服从和执行。"这是镌刻在美国UBC公司培训室中最醒目的警句。毫无疑问，尊敬和服从领导是所有组织的要求，是公司的制度。领导是公司事业的核心力量，不管你在公司遇到怎样的领导，除了他违背法律和政策之外，你都应该无条件地服从，用尊重和服从来维护他的权威。

对任何一个组织内部，如果没有了服从与执行的关系，那么整个局面是不可想象的。

首先，管理层陷于瘫痪。

一个组织必须要具有高强度的执行力，让上上下下形成一块钢板，为同一个目标而不断前进，这才是执行的魄力和效应。如果组织缺乏这种执行的力度，那么"有位置没人干事"的现象就会经常出现，结果效率低下，从根本上失去竞争力。由于缺乏执行的力度，组织内部混乱和疲软，成了一个徒有虚名的"空壳"。

其次，员工层陷于散乱。

如果员工失去服从力，那么这个队伍，就会变成战场上的败兵；相反，如果他们愿意服从，就会把组织变成自己的家，爆发出创造效率的活力。

最后，管理层与员工层陷于脱节。

执行能让组织有令则行，统一步骤依目标来运作自己的经营计划，服从能让执行有最佳结果，以最优化和最大化的方式创造效率。

任何组织的生命在于效率，而效率的产生就在于服从。最好的管理者，一定是让员工最善于服从的领导者；最好的服从者，一定是让管理者最满意的员工。

管理者的宗旨在于执行合理、准确、有效，而不在于任意发布几道"圣旨"。员工的任务在于服从，与管理者密切配合，与管理者心往一处想，劲往一处使，从而让管理者彻底放心。最聪明的员工都是善于服从的人。

服从是艺术，执行也是艺术。服从与执行最佳的组合，不仅能造就最成功的管理者，还能培养最有前途的员工。

美国通用公司原总裁杰克·韦尔奇说："不懂执行的管理者，一定是最糟糕的领导者，他能把公司带入歧途。"同样，借用韦尔奇的话说，那就是"不懂服从的员工，一定是最糟糕的员工"。善于服从的员工，迟早都会成为这个公司中最有活力和地位的精兵，也是能够打造自己成功平台的优秀员工。

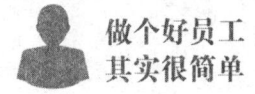

忠诚态度,员工的无形资本

一位成功学家说:"如果你是忠诚的,你就会成功。"所以,忠诚是一种力量。一个对公司忠诚的人,实际上不是纯粹忠于一个公司,而是忠于人类的幸福。健全的品格使他具有容易成功的素质,正如托马斯·杰斐逊所说:成功之人就是敢作敢当的人。如果你由衷相信自己的品格,确定自己是个诚实可信、和善、谨慎的人,内心就会产生出非凡的勇气,而无惧他人对你的看法。

一个忠诚的人十分难得,一个既忠诚又有能力的人更是难求。忠诚的人无论能力大小,老板都会给予重用,这样的人走到哪里都会有条条大路向他们敞开。相反,能力再强,如果缺乏忠诚,也往往被人拒之门外。毕竟在人生事业中,需要用智慧来做出决策的大事很少,需要用行动来落实的小事甚多。少数人需要智慧加勤奋,而多数人却要靠忠诚和勤奋。

所以,你可以不选择某个公司作为自己的忠诚主体和职业舞台,但是,一旦你选择了一个公司来发展自己的职业生涯,就必须专心致志地投

第四章
绝对服从——不为失败找借口,只为成功找方法

入到工作中去。你必须明确这样一个观点:只有扎扎实实做好本职工作,才能谈职业发展和事业追求。

张明远是一家软件公司的工程师,由于某些原因他离开了工作五年的公司,准备进入一家实力更加雄厚的公司继续从事软件开发工作。由于新公司与原公司业务相关,新公司经理要求他透露一些他主持的原公司开发项目的情况,但张明远马上回绝了这个要求。理由很简单:"尽管我离开了原来的公司,但我没有权利背叛它,现在和以后都是如此。"第一次面试就这样不欢而散。出人意料的是,就在张明远准备寻找新的公司时,却收到了直接录用的通知,上面清楚地写着:你被录用了。因你的能力与才干,还有我们最需要的——忠诚。

——摘自《忠诚永远不会过时》

当然,在当今这样一个竞争激烈的年代,谋求个人利益以及自我价值的实现是天经地义的事。但是,这并不表示你可以采取任何方式践踏公司的利益,丢失自己的原则。遗憾的是很多人没有意识到自我实现与忠诚并不是相互对立的关系。许多人以玩世不恭的态度对待工作,他们频繁跳槽,觉得自己工作是在出卖劳动力;他们蔑视敬业精神,嘲讽忠诚,将其视为老板麻醉下属的手段。这种思想势必造成他们职业心态的无法拓展而最终一事无成。

忠诚是一种责任;忠诚是一种义务;忠诚是一种操守;忠诚还是一种品格。任何人都有责任去信守和维护忠诚,丧失忠诚,就是对责任最大的伤害,也是对自己品行和操守最大的亵渎。因此,无论面对怎样的诱惑,都必须坚守自己的忠诚。否则,当你昧着良知出卖了一切的时候,也出卖了自己。

王义是一家公司的业务部副经理,刚刚上任不久。他年轻能干,毕业短短两年就能够有这样的业绩也算是表现不俗了。然而半年之后,他却悄

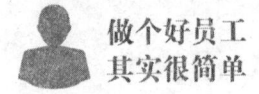
做个好员工
其实很简单

悄离开了公司，没有人知道他为什么离开。

王义在离开公司之后，找到了他原来关系不错的同事方华。在酒吧里，王义喝得烂醉，他对方华说："知道我为什么离开吗？我非常喜欢这份工作，但是我犯了一个错误，我为了获得一点儿小利，失去了作为公司员工最重要的东西。虽然总经理没有追究我的责任，也没有公开我的事情，算是对我的宽容，但我真的很后悔，你千万别犯我这样的低级错误，不值得啊！"

方华尽管听得不甚明白，但是他知道这一定和钱有关。后来，方华知道了王义在担任业务部副经理时，曾经收过一笔款子，业务部经理说可以不下账了："没事儿，大家都这么干，你还年轻，以后多学着点儿。"王义虽然觉得这么做不妥，但是他也没拒绝，半推半就地拿了10000元。当然，业务部经理拿到的更多。没多久，业务部经理就辞职了。后来，总经理发现了这件事，王义就不能在公司待下去了。

方华看着王义落寞的神情，知道王义一定很后悔，但是有些东西失去了是很难弥补回来的。王义失去的是对公司的忠诚信任，他还能奢望公司再相信他吗？

——摘自《职场恒言（33）——放弃忠诚，就等于放弃成功》

比尔·盖茨曾发出过这样的感叹："这个社会不缺乏有能力有智慧的人，缺的是既有能力又忠诚的人。相比而言，员工的忠诚对于一个企业来说更重要，因为智慧和能力并不代表一个人的品质，对企业来说，忠诚比智慧更有价值。"忠诚是胜于智慧的职业品质，是一个员工安身立命的根本准则！

面对利益的诱惑，脆弱的人性就会断裂、扭曲。忠诚却是无声的宣言，它有时表现得极为隐性，所以有人说："忠诚是血液里流出来的秉性。"对一些人来说，它是不变的信条，是一种职业良心，或是处世为人

第四章
绝对服从——不为失败找借口，只为成功找方法

的原则；但对有些人来说，则是浅薄的游戏，是在脚底下任意踩躏的人性之花。

职场呼唤忠诚，不具备忠诚的品质，自然难以在职场立足。反过来说，也有一些人天生就具备忠诚的秉性，并且待之以珍宝，他们自然就成了职场中竞相争取的"大红人"。

格兰特的公司马上就要破产了，同事们都选择了离开，只有格兰特依然固守在自己的岗位。老板约翰都感到不好意思，他也劝格兰特离开："格兰特，赶快为自己找一份工作吧，公司这次是真的不行了，别把自己的前途耽误了。"但格兰特却并不这么认为，他觉得只要公司还在，就应该坚守自己的岗位。这样，直到公司彻底倒闭，办公室被查封，格兰特才告别约翰，开始为找到自己的下一份工作奔波。

当他到失业中心报到时，负责人告诉他，已经有一份工作等他去赴任了。原来，公司老板约翰被他的忠诚所感动，提前在失业中心为格兰特填报了简历，替他物色工作。恰巧此时有家大公司招聘一名主管，约翰将格兰特的事告诉他们，这样忠诚的员工让他们大受感动，决定省去面试环节，直接录用。

格兰特的忠诚得到了回报，他的工资也从每周100美元上升到每周1000美元。

——摘自《忠诚如金》

忠诚是员工的无形资本。一个忠诚的员工，会给人一种踏实而值得信赖的感觉，更能博得老板的信任。因此，他们能得到更多的机会，并在工作中展示自己的能力，这无疑对个人职业生涯的发展大有裨益。反之，如果一个员工失去了忠诚，就等于失去了发展的资本，他的一切成就也就无从谈起。因此可以说，放弃忠诚就是放弃了成功。

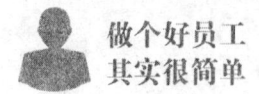

做个好员工
其实很简单

懂得忠诚，服从是前途的指路牌

对于员工来说，有很多因素影响着自己对企业的感受，决定着自己对工作、对企业的忠诚度，如薪水、培训、发展机会、家庭和工作的平衡、公平、同事关系等。其中最重要的是，你要从内心去接受自己的企业，这也是上司最希望看到的结果。下面这个看门的老人或许能给我们以启迪。

罗宾斯博士去巴黎参加研讨会，开会的地点不在他下榻的饭店。他仔细看了一遍地图，发现自己仍然不知道该如何前往会场所在的五星级饭店。于是他便走到大厅的服务台，请教当班的服务人员。

这位身穿燕尾服、头戴高帽的服务人员是位五六十岁的老先生，脸上有着法国人少有的灿烂笑容。他仪态优雅地摊开地图，仔细写下路径指示，并带罗宾斯走到门口，对着马路仔细讲解前往会场的方向。

他的热忱及笑容让人如沐春风，他的服务态度彻底改变了罗宾斯原来觉得"法式服务"冷漠的看法。

在罗宾斯致谢道别之际，他微笑有礼地回应道："不客气，祝你顺利地找到会场。"接着他补充了一句,"我相信你一定会满意那家饭店的服务,因为那位服务员是我的徒弟。"

"太棒了!"罗宾斯笑了起来,"没想到你还有徒弟!"

老先生脸上的笑容更加灿烂了:"是啊,25年了,我在这个岗位上已经工作了25年,培养出无数的徒弟,而且,我敢保证我的徒弟每一个都是优秀的。"他的言语中流露出发自内心的骄傲。

"什么?都25年了,你一直站在旅馆的大门口啊?"罗宾斯不禁停下脚步,向他请教乐此不疲的秘密。

"我的工作是如此重要,许多外国观光游客就因为我而对巴黎有了好感。"他说,"所以我私下里认为,自己真正的职业,其实是——巴黎市公关局长!"他眨了眨眼,爽朗地说道。

罗宾斯被深深地震撼了,他从老人平静朴实的言语中感受到了一种不同寻常的力量,一个人对工作忠诚到这种地步,他怎么可能不忠诚于自己的企业呢?

——摘自《如何在工作中找到快乐》

一家著名公司的人力资源部经理说:"当我看到应聘者的简历上写着一连串的工作经历,而且是在短短的时间内,我的第一感觉就是他的工作换得太频繁了。在这份简历中,我看不到他的忠诚,一个忠诚的人是不会如此频繁跳槽的。"

美国专家通过对几十名成功者的研究发现,在决定事业成功的诸多因素中,一个人能力的大小中,知识占20%,技能占40%,态度占40%,而100%的忠诚是你获得上述成功因素的唯一途径。

一个企业的制度、核心价值观、企业文化与精神等,通常在一个内心充满忠诚的员工身上得到最大限度的体现。一个忠诚的员工会对自己的公司充满自豪与尊敬,在与他人的说话中会自觉不自觉地流露出这种

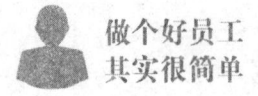
做个好员工
其实很简单

认同。比如在华为,每个员工都会为它的"民族骄傲而骄傲"。

只有真正忠于公司,把它当作自己的家,当成自己生存与发展的平台,发自内心地爱它、尊重它、认同它的价值,才算是真正的忠诚,同时也才称得上是真正的自我认同和自我敬重。

有句话说得好:"服从是军人的天职。"这句话放在职场中也是同样:"服从是员工的天职。"普通员工要尊重老板,服从老板的指挥,这是最为重要的,因为老板决定着员工的去留、升职和加薪。

一个社会内的商业机构就如同一个微型商业帝国,老板俨然就是这个商业帝国的皇帝,他拥有了整个天下,在本商业机构内拥有至高无上的权力。如果你觉得比老板聪明,不听令于老板,而是自行其事,那么肯定不久将会从他的商业版图中消失。一个再有本事的下属,如果被老板发现是一个自作主张、不诚心效力、搞不清宾主关系的人,别说是升职加薪,恐怕连现在的职位也不保。企业的员工要得到老板的重用和信任,一定要诚心效力,并要记住:"老板永远是正确的。"那些自以为聪明的员工、爱自作主张的下属,老板会感觉管不住,这样不仅对自己是一种威胁,对公司也是一种威胁,因为搞不好哪天他就会把业务秘密泄露出去。因此,老板看重员工的才能,但更需要员工值得他信任。为此,要获得老板的信任和赏识,不仅要找机会表现自己的才能,同时也要抓住机会向老板表现自己的忠心,让他知道你是一个忠诚的员工,是一个值得信任的人。

第四章
绝对服从——不为失败找借口，只为成功找方法

统一步伐，服从是执行的基石

任何组织的统一步伐都是在个人服从集体的基础上进行的。服从是组织合作、步调统一的必然要求。没有服从就没有团结。不能否认任何人都有自己的独立性，但在组织活动中，每个人都去强调自己的个性，都去凸显自己的与众不同，当一项任务下来时，甲坚持这样做，乙坚持那样做，丙对甲乙双方的意见都不赞同，组织成员之间就这样互不相让，那么，这一项任务该怎么完成，企业该怎么发展？

所以，服从是团结一致的第一步，是企业发展的第一步。服从就是要遵照指示做事。懂得服从的人必须暂时放弃个人的独立性，个性服从共性，全心全意去遵循所属机构的价值观做事。

曾经有一位企业负责人能讲一口流利的英语，在与外商谈判中，他的位置就显得尤为重要。慢慢地，他有些飘飘然了，对于那个个头比自己矮，学历、水平和能力好像也没有自己高的上司就有些不以为然。

有一次，他和自己的上司在与外商谈业务的聚会上，得意地跟外商频频举杯，与外商海阔天空地闲聊，他的上司频频向他示意要将合同定下

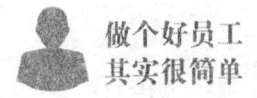

来，但他却视而不见，只顾着卖弄自己。结果这个本来可以当时就拍板的合同因为拖得时间太长被别人抢了先机，单子砸了。没几天，他就被以一个无关紧要的理由辞退了。

临走时，他的上司告诫他：纵然再有才华，也要服从组织的安排。他这才知道自己没有找准角色位置，自己充其量是一个有才干的人，却不是一个公司的中流砥柱。

——摘自《服从是职场团结的第一步》

作为一个部门经理，在各种场合都应当以组织为中心，突出组织的地位。如果喧宾夺主，那么整个组织的原则就无法得到贯彻，行动也会落后于别人。任何组织都不会容忍这样的个体存在。因为，一个组织就像一个家庭，家庭成员不团结当然就会有许多人乘虚而入。一个公司内部存在分歧，很快就会有竞争对手知道，那么竞争对手也会乘火打劫。所以，一个团队，首先要在各成员服从一致的基础上统一起来，才能应对市场的残酷竞争。而且企业在用人时并非只会看重员工的职业技能，许多优秀的职业素养往往是决定员工能否被老板赏识的关键因素。

服从除了要与组织保持一致的步调外，还要自觉遵守纪律。一个企业，如果纪律贯彻不力，下级就会斗志松懈、纪律松弛，反之，如果纪律严明、赏罚有度，企业的凝聚力、战斗力就会大大提升。一个团结协作、富有战斗力和进取心的团队，必定是一个有纪律的团队。同样，一个积极优秀的员工，也必定是一个具有强烈纪律观念、善于服从的员工。

一位管理者在服从这个问题上说："我每次遇到员工不服从组织调配时，都会采取一种与他人十分不同的处理方法。我的第一个行动是同这个员工商量，采取哪些具体措施以改进工作。我提出建议并规定一个合情合理的期限。这样，也许会获得成功。不过，如果这种努力仍不能奏效，那我必须考虑采取对员工和公司可能都是最好的办法。当我发现一个

第四章
绝对服从——不为失败找借口，只为成功找方法

员工不遵守纪律、工作老出差错时，就决定不要他！因为服从组织决定没商量。"

上司的地位和责任决定了他有权对下属发布命令，在一个团队里，如果下属不能无条件地服从上司的命令，那么在达成共同目标时，就可能困难重重，甚至会直接导致项目的流产。因此，没有服从就没有团结，就没有企业的进步和发展。

请回答一个问题：当上司安排一项任务让你去执行时，你首先会表现出怎样的态度？

也许你不好意思说出答案，还是让我们一起来讨论吧。有的员工会说："好的，我一定完成任务。"然后立即行动起来，投入到执行中去；有的员工会说："是让我做吗？好吧。"可能随后将任务放在一边，等上司查核了才不得不做；有的员工会说："这样的工作我从没做过呀，小王这方面有经验，是不是让小王去做？"推辞不掉再接着寻找别的借口。

这三种态度，哪一种是正确的呢？在回答这个问题之前，我们先来重温一个耳熟能详的故事：

1898年，美国准备对西班牙宣战，麦金利总统认为赢得这场战争的关键是和古巴起义军合作，尽快同卡利斯托·加西亚将军这位古巴起义军的领导人联络上。当时，加西亚将军正率部为独立而战，西班牙人正全力搜捕他，谁也不知道他的确切消息。

麦金利总统召见了美国军事情报局局长阿瑟·瓦格纳上校，问到哪儿找一个信使能把信送给加西亚将军。瓦格纳上校推荐了一位年轻的军官——安德鲁·罗文中尉。一个小时之后，罗文来到瓦格纳上校跟前。

"小伙子，"瓦格纳上校说，"你的任务是把这封信送给加西亚将军，他也许在古巴西部的什么地方……你只能独立计划并完成这项任务，它是你一个人的任务。"说完，瓦格纳上校和罗文握了握手，又强调说，"把信

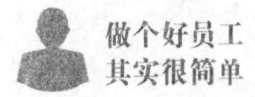
做个好员工
其实很简单

送给加西亚。"罗文一个字都没问就走了，历尽险阻后他把信交给了加西亚，并将加西亚的回复转达给了麦金利总统。

从罗文身上，我们能挖掘出很多优秀的品质，如敬业、忠诚、自动自发，这都是执行的要素。对于执行来讲，还有一种最基本的也是最重要的品质，那就是服从。当瓦格纳上校交代完任务后，罗文一个字都没有问，便立即动身出发了，并出色地完成了任务，为赢得美西战争、解放古巴做出了重要贡献，他也被授予了杰出军人勋章。

——摘自《责任决定执行》

现在再来看我们提出的三种态度，哪一种正确自然是不言而喻了。当上司安排给你一项任务时，你就应该干脆地说："好的，我一定完成任务。"也就是说，首先要服从，无条件地服从。这是一种责任，是对工作高度负责的表现。因为只有无条件地服从，你才会立即执行；也只有无条件地服从，才会斩断你推诿和拖延的想法。试想，当你第一时间服从并决定立即执行任务时，你还有时间琢磨怎样推诿以至拖延工作吗？答案显然是否定的。

一旦树立起了无条件服从的责任意识，执行就会立竿见影，在这个讲究效率和速度的时代，还意味着抢占了先机，赢得了时间。还是以罗文为例，如果他向瓦格纳上校问这问那，甚至抱怨任务的艰难，不情愿地接受任务后，又不竭尽所能地去寻找加西亚将军，甚至在丛林里开起了小差，结果会是如何呢？那肯定会影响到麦金利总统的决策，甚至会贻误战机，改变战争的结局。

可见，服从是执行的基石，是执行的第一要素。而老板和上司赏识的也正是具备这种责任感的员工，把任务交给这样的员工，既放心，又省心。他会不找借口地执行，也会自动自发地把任务执行到底。

想成为一名出色的员工，就一定要谨记这一点。

第四章
绝对服从——不为失败找借口，只为成功找方法

培养忠诚，提高竞争力

中国有一句俗话说"一次不忠，百次不用"。去研究那些成功的、被人信赖和敬仰的人，我们往往可以发现他们都具有忠诚的美德。他们的这种修养使你可以在不同的环境中感染周围的人，所以，他们在任何地方都是重量级的人物。

在如今的职场，一个忠诚的员工才会得到老板的认可与依赖，因为忠诚的员工有责任感，会踏踏实实地工作。忠诚不是空喊口号，而在于真实的行动。所以，不要妄想你可以得到多少回报，你的一举一动都会被看在眼里，如果你确实忠实于自己的公司，你必将被委以重任。如果你没有以忠实为代价，那你必然会被淘汰。因为任何人都不是傻子，你的老板就更不是。

一个不忠诚的士兵如果在战场上遇到困难，往往会违背统帅的指挥而独立行动。同样，如果员工对企业不忠诚，就会处处为自己的利益着想而不顾企业的整体利益。对企业或公司不忠诚的员工，通常会有如下表现：

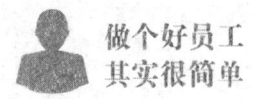
做个好员工
其实很简单

遇到困难往后退、犯了错误不承认、看见便宜就想捡、别人晋升就眼红、一天到晚想跳槽……

试想一下，假如公司里的多数员工都是骑驴找马的不忠诚者，公司还会有理想的效益和发展壮大的可能吗？没有哪个公司的老板是傻子，他们提拔员工的一个重要标准，就是看员工是否忠诚。一个不忠诚的员工，是不可能得到老板或上司提拔的。

邵军在一家大公司供职，他能说会道、才华出众，所以很快就被提拔为技术部经理。他认为，更好的前途正在等着他。

有一天，一位外商请邵军喝酒。席间，外商说："最近我的公司和你们公司正在谈一个合作项目，如果你能把手头的技术资料提供给我一份，这将使我们公司在谈判中占据主动。"

"什么，你是说让我做泄露机密的事？"邵军皱着眉说。

外商小声说："这事儿只有你知我知，不会影响你。"说着，将5万美元的支票递给邵军，邵军心动了。

结果，在谈判中，邵军的公司损失很大。事后，公司查明真相，不仅辞退了邵军，还将他送上了法庭。

真是赔了夫人又折兵，本可大展鸿图的邵军不但失去了工作，而且面临着失去自由的境况。再说，对于这样的人，以后还有哪个公司敢聘他呢？

——摘自《不能晋升的八种员工》

事实就是这样，在晋升之路上，往往一招出错就会导致满盘皆输。对于一个缺乏忠诚的员工，老板自有他处理的办法。

任何公司或企业都会要求员工最大努力地投入到工作中去创造效益。其实，这不仅是一种行为准则，更是每个员工应具备的职业道德。可以说，拥有了忠诚的美德，你的生命就会充满色彩和光芒。

第四章
绝对服从——不为失败找借口，只为成功找方法

一个员工，如果对自己的公司没有忠诚之心，就不能全身心地投入到工作中去，当然也不会自觉地维护公司的利益，时刻为公司着想。同时，员工与公司之间的"不忠诚"是互相的，你对公司不忠诚，公司同样也会对你不忠诚。既忠诚又有能力的员工，这种人不管到哪里都是老板喜欢的人，都能找到自己的位置；而那些三心二意，只想着个人得失的员工，就算他的能力无人能及，老板也不会委以重任的。

现实中，很多员工工作一不如意就跳槽，人际关系不行也跳槽，看到可以多赚几个钱的工作还跳槽，甚至没有任何原因也跳槽。在这些员工的眼里，下一个工作肯定比现在的好，一切问题都以跳槽的方式去解决。某些员工甚至将跳槽看成是一种时尚和追求，美其名曰"体验生活"。同时，老板们也会看到，这种以跳槽为工作的员工，他们缺乏一颗忠心，没有努力积极的工作精神，碰到困难就退缩，遇到麻烦绕开走。对于这样的员工，老板还会提拔他们以期望为公司创造效益吗？答案当然是否定的。

因此，想要得到老板的赏识，就要懂得做一个忠诚的人，踏踏实实为公司努力，把该做的工作做好。这样，总有一天，会得到忠诚的回报。

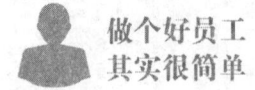
做个好员工
其实很简单

没有借口,忠诚是成功的捷径

忠诚是中华民族的传统美德,也是每一个人安身立命之本。一位哲人曾经说过:"一个民族的振兴需要忠诚的美德作为基石。"不仅如此,忠诚同样也是每个人应该具有的基本素质。尤其是对于职场人士来说,忠诚显得尤为重要。这是因为,从某种意义上说忠诚就是对于一种职业的尊重,就是承担某一责任时表现出来的敬业精神。

通常而言,忠诚的员工是最受老板青睐的。从某种程度上来讲,一点点忠诚更胜于更多的能力和智慧。只有忠诚的人,才会对自己的工作负责。

晓雯是一家房地产公司的打字员。在这家公司里,晓雯算不上优秀,各方面的条件都不算太好,长得不算漂亮,学历也不是很高。但是她对工作很负责任,对公司很忠诚,从不给自己寻找偷懒的借口。

后来,公司的经营出现了问题,就连员工的工资都难以保障。同事们都纷纷跳槽了,老板也渐渐消沉。此时的晓雯不但没有因此而离开公司,

第四章
绝对服从——不为失败找借口，只为成功找方法

还在公司最需要她的时候提醒老板，公司并没有垮掉，公司还有一个公寓的项目在手上，并将自己加班赶出来的策划方案拿给老板看。在接下来的日子里，晓雯就成了这个公寓项目的负责人，也正是这个项目帮助公司实现了重新振兴。就这样，晓雯凭借着自己的能力以及对公司的忠诚，当上了副总经理。

当同事们都因为公司的窘况纷纷跳槽离开的时候，晓雯完全有借口离开。但是，她不仅没有这样做，反而留下来和公司一起共渡难关，这才是真正的忠诚。忠诚就是在公司需要自己之时不找借口离开，继续坚守岗位；忠诚是员工在公司立足的重要因素，是员工最宝贵的财富，能够赢得老板的信任与坦诚。对待工作，没有任何借口地将它做好，再没有什么比这更能诠释"忠诚"二字的了。只要具备忠诚品质的员工，才能赢得未来。

但是职场上总是有这样一些人，他们明知道忠诚的分量，但是却习惯于找借口，甚至成了制造借口的专家；不论遇到什么问题都会给自己找出一堆借口，将责任推得一干二净。其实，这类喜欢为自己找借口的员工，会给别人留下喜欢撒谎的坏印象，不受欢迎也是必然。这样不但会影响到自己的工作进度，还会影响到自己的职业前景。

张华是某公司的一位业务员。在工作中，他业绩很好，深得上司的信任。但是有一次，自己的一个客户和公司竞争对手签了合同，这给公司造成了一定的损失。之后，他向上司解释自己会失去这笔业务的原因：自己在去谈业务的途中因为脚伤发作，所以比对方晚去了半个多小时，因此丢掉了这次机会。上司也知道张华的脚有问题，就原谅了他。

关于张华的脚，公司的员工都知道是在一次出差时出车祸造成的，这个伤对他并没有太大的影响。但是，张华就是利用自己的脚伤给自己不去跑业务制造借口。他认为，反正脚是长在自己身上的，是否发作别人也不

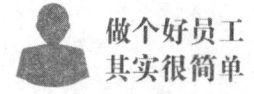

可能知道。每当公司里的业务有难度或者是他不愿意去的时候,张华就会说自己的脚伤又发作了。但是在碰到比较简单的工作时,张华他又会去上司面前请求,希望得到这样的机会。即使他现在做的都是简单的工作,但是其工作业绩却远远不如以前。

最终,张华被解雇了。

即使借口再怎么合情合理都会影响工作效率,因为你将自己的大部分时间花在了找借口上面。刚开始找借口或许能带给人一定的好处,但是这种好处是以牺牲自己的信誉换来的,而且这种相对的好处只是一时的,不会长期保持。

在工作中找借口的人不会有成功的人生,只有那些将找借口的时间运用到工作中,以忠诚的态度对待自己工作的人,才会成为最终的成功者。总之,忠诚就是没有任何借口地努力完成工作任务。

新入职场的人,在工作中要多争取学习的机会。无论什么样的公司,老板或上司都需要忠诚的助手。如果说想在公司出人头地,尽快晋升,忠诚是一条捷径。

培养一个能弥补老板或上司弱点的管理者,成为老板的"左膀右臂"。当成为老板"左膀右臂"的时候,要考虑相互之间的互补关系。

某公司同时培养了两个人作为老板的接班人。A年轻,头脑敏捷,认为他是下任老板的呼声很高,他本人也意识到了这一点,因而不时流露出自己是下任老板的言行。B的头脑并不那么敏捷,可人很忠厚,他总是维护A的利益,从他平时的微妙言行中,可以看出他也认为下任老板就是A。但出乎意料的是,老板挑选的接班人不是A,而是B。

原来,在选择A还是B上,老板费尽了心机,他认为如果选择A,企业会大踏步地实行经营改革,也许会发生意想不到的变化,但如果遭到失败,结果也是惨痛的。如选择B,他为人稳重,能力不如A,短时间内企业

第四章
绝对服从——不为失败找借口，只为成功找方法

不会有很大的发展。

老板决定这件事时十分苦恼，但最后决定选择B。因为他了解到A是一个多次跳槽的人，而B一直在本公司勤勤恳恳，努力工作着。由此看来，忠诚是这位老板十分重视的原则。

——摘自《忠诚的力量》

现代企业中，刚入职场的员工都急于表现自己，往往事情发展得却不尽如人意。其实很简单，每个老板和上司在考察一个员工能力的时候，不是单一某一项，而是综合素质。入职一年后，如果还没有升职的迹象，就要考虑自己的日常工作有哪些地方做得不够，应坚信只要忠实于岗位，忠诚于公司，升职加薪是迟早的事情。

如今，企业在招聘员工的时候，第一看重的不是能力，而是个人的忠诚度。企业的用人要求是：忠诚第一，能力第二。能力是可以通过培养获得的，而要改变一个人品行却十分困难。因此，将忠诚作为现代企业用人的一个衡量标准是被广泛认可的。

第五章

团队精神

——在集体中实现自我价值

在许多时候,团队精神是唯一可以与敌手对峙的法宝,输了团队精神就输了胜利的成果。

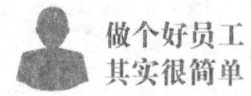
做个好员工
其实很简单

团队精神，员工必备的能量

　　团队精神是团队成员在管理者的指挥和带领下，为共同的目标而努力奋斗的精神，是大局意识和团结协作的集中体现，是大家共同遵守的价值观念，也是所有员工都接受的行事准则。它体现着企业的凝聚力和向心力，是企业的魅力、核心竞争力所在。团队精神的奥妙之处在于它能在潜移默化中激发团队成员的事业心和责任感，为团队工作注入强大的能量，从而使整个团队拧成一股劲，成为一个团结共进、众志成城、步调一致的团队，使企业在激烈的市场竞争中站稳脚跟，取得又好又快的发展。

　　在广袤的非洲大草原上，生活着狮子、羚羊还有斑马。羚羊是草原上跑得最快的动物之一，斑马可就跑得慢多了。然而奇怪的是羚羊被狮子捕杀的数量远远大于比它们跑得慢得多的斑马。

　　狮子之所以能够更多地捕获到跑得快的羚羊，而较少捕获到跑得慢的斑马，原因是什么呢？原来斑马是群居动物，每当狮子靠近时，成年健壮

第五章
团队精神——在集体中实现自我价值

的斑马们就会头朝里，尾巴朝外，自动围成一圈，把弱小体衰的斑马围在圈内，扬起后蹄踢向狮子。狮子就算再强壮，也抵挡不住一群斑马有力的后蹄。

所以，狮子更多地是把灵巧快速的羚羊作为捕捉对象。羚羊没有相互保护和支持的习性，当狮子来袭时，它们总是四散奔跑，最终往往难逃狮子的利爪，成了狮子的美餐。

在强壮剽悍的狮子面前，斑马和羚羊采取了截然不同的应对方式：羚羊是自己顾自己，结果难逃被吃的厄运；斑马尽管身高体笨拙，但它们"抱成团"共同抵御敌人进攻，最终在避免团体灾难的时刻保住了性命。这显示了团队精神的威力。

美国著名经济学家华特曼在考察了美国的英特尔公司、通用电气公司、通用汽车公司、杜邦公司、波音公司等大公司后，得出一个这样的结论：所有的美国杰出公司有一个共同特色，就是每一家都有一种强有力的企业团队精神。

有这样一则故事：有一天，三个和尚在破落的庙宇里相遇。"这个庙为什么一片荒废凄凉呢？"甲和尚触景随口提出这个问题。"一定是和尚不虔诚，所以诸神不灵。"乙和尚说。"一定是和尚不勤劳，所以庙产不修。"丙和尚说。"一定是和尚不敬谨，所以信徒不多。"甲和尚说。三人你一言我一语，最后决定留下来各尽所能，看看能不能够成功地拯救此庙。

于是甲和尚恭谨化缘，乙和尚诵经礼佛，丙和尚殷勤打扫。果然香火渐盛，朝拜的信徒络绎而来，而原来的庙宇也再度恢复了兴旺的旧观。这得益于三个和尚的团队精神。

——摘自《和尚争功》

当今社会，企业分工越来越细，生产都是需要合作才能完成的，每个

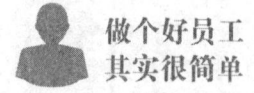
做个好员工
其实很简单

人所能实现的仅仅是企业整体目标的一小部分,团队力量的发挥已成为企业赢得竞争的必要条件,因此,弘扬团队精神对于企业的发展具有极其重要的意义。

要想成为一名优秀的员工,首先应该具有团队精神,并积极融入团队,在团队中施展自己的才华,促进团队不断进步。

第五章
团队精神——在集体中实现自我价值

认同团队，积极融入到团队中

团队不可以是一盘散沙，员工任何形式的偏离、隔阂、冷漠以及嫉妒和仇视，都将使共赢的大厦发生倾斜，甚至坍塌。团队如同拳头和手掌，它需要来自于每根手指的紧密合作。

有一天，五根手指聚在一起，讨论谁是真正的老大。

大拇指率先发言："五根手指中，我排第一而且最粗大，人类在称赞最好或是表现杰出的时候，都是竖起拇指，所以老大非我莫属。"

食指不以为然，急着辩解："我才是老大，要知道夹菜时，没有我支撑着，根本夹不了菜，只有我才能让人类大快朵颐。另外，人类在指示方向时，必须靠我。"

中指不屑一顾地说："五指中我最修长，而且我居最中间的位置，大家众星捧月，这不就是老大的证明吗？"

无名指不甘示弱，理直气壮道："三位也未免太自大了，世上最珍贵的珠宝，只有戴在我身上才能相得益彰，因此，我才配称老大。"

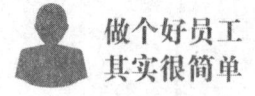

小指在一旁,只是静默不语。

四个指头惊异地一起问道:"喂,怎么不谈谈你的看法,难道你不想当老大?"

"各位都有显赫的地位,我人微言轻,只是当人类在合十礼拜或打躬作揖时,我才最靠近真理与对方。不过,如果我们彼此分开,其威力又表现在哪儿呢?别人之所以怕我们,是因为我们五位一体,不可分割啊!"

五个手指只有紧紧握在一起,才能形成拳头,才能击出无穷的力量,显示出你的威力和勇猛。一个企业,也只有每个员工紧密团结,才能创造出惊人的业绩。

再来看大雁排队飞行的例子。

大雁迁徙时往往排成"人"字型或"一"字型,前面大雁的飞行可以掀起一股向上的气流,从而减少了后面大雁的空气阻力,当领头雁飞累了的时候就会发出信息,队列中的另一只强壮的大雁就会自觉地飞上去替补。有人甚至做过这样的试验:用枪射杀第一只大雁后,其队型依然会保持原状不变。动物学家们的试验表明,大雁长距离结队飞行的速度是单只大雁飞行速度的1.73倍。正是这样一种善于奉献、团结合作的精神,使得大雁能够冬去春来,长途迁徙数千里。

一滴水很快就会干枯,它只有投入到大海的怀抱才能永久地存在。同理,个体也只有和团队结为一体,才能获得无穷的力量。只有团队成长了,我们个人才可能有发展的空间。正所谓,锅里有才可能碗里有,大河没有水了小溪是不可能有水的。因此,美国著名管理大师彼得圣吉说:"不管你个人多么强大,你的成就多么辉煌,你只有保持与他人之间的合作关系,这一切才会有现实意义。"

建元公司为了训练员工的协作精神,曾做过这样一个实验:把员工分成了两个队,来解决一个队员的不幸食物中毒事件。解药放在一个假设的

第五章
团队精神——在集体中实现自我价值

"池塘"的中间,但是"池塘"里有一只凶猛异常的鳄鱼,人是绝对不可能进入"池塘"的,而取解药唯一的工具是一段很长的绳子。

"把绳子折叠成两根,队员们两边拉直,直接用绳子去夹住杯子!"有人提议,"可是绳子这么长,拉不直呀,说不定还会把药给打翻了!""看来还是要人进去!"

听到有队员提议让人进去,教练又给大家发难了:"这池塘里的沼气很重,为了防止拿药的人眼睛不被熏坏,必须给他蒙上黑布!"

时间已经过了一半。有人建议:"把两根绳子平行,一个人坐一根,手再扶一根,两边用力拉直。"可是试了好几次,坐在绳子上的人都不能平衡。"干脆把绳子叠成三条平行线,人趴在上面过去拿应该能行。"受到刚才办法的启发,队员们很快想到了这个办法。可是谁上呢?一个自称以前练过体操的女孩站了出来,在外面实验了两次以后,她顺利拿到"解药",一队一举成功。15分钟以后,二队也拿到了"解药"。

体验完毕,每一个队员都发表了他们对此次体验的感受和意见。

一队认为:个人的力量是渺小的,只有团队的力量才能获得成功,没有整个团队的努力,我们绝对取不了"解药"。把合适的人放到合适的位置上去,让力气大的都去拉绳子,身材合适又有技能的人去拿"解药"。

二队认为:在实验中要有所突破。我们是用一个人坐在绳子上取到"解药"的,开始我们也认为不行,但是摸索熟练后还是成功了。这说明个人目标和组织目标一致是成功的重要原因。

最后两个队一致认为:通过这次活动,大家都深刻地体会到,企业的发展最终靠的是全体人员的积极性、主动性、创造性的发挥,每个人充分展现自己的想法,贡献自己的力量,是团队目标实现的保证。

——摘自《积极融入到团队中》

一个企业的发展不是某一个人的事,而是全体成员的事。每个人都树

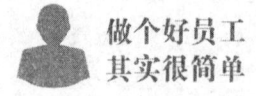

立团队意识，积极地融入到团队中，为共同的目标而努力，是企业发展的要求，也是个人实现自身价值的途径。

团队合作是一种劳动技能，应该在学校里受到更多的重视。不管是对个人在工作上的成功，还是对企业与国内外对手竞争的胜利，这项新技能的传授都是很有必要的。例如探索宇宙新奥秘需要天文学家、物理学家和电脑程序编写专家的合作；微生物学家、肿瘤学家和化学家的团队揭开了神秘的癌症之谜；诺贝尔奖越来越频繁地授予某个团队；学术论文是由多个研究者合写的……

如今，我们所面临的问题越来越复杂，也越来越多。对于一个公司来说，在一个行业里增加收益、提升客户满意度、取得最高效率，这些都需要广泛的合作做保障。作为公司的一员，只有把自己融入到整个公司之中，凭借整个团队的力量，才能把自己所不能完成的棘手问题解决好。

传说佛祖释迦牟尼曾问他的弟子："一滴水怎样才能不干涸？"弟子们面面相觑，没有人回答得出来。释迦牟尼说："把它放到大海里去。"个人再完美，也就是一滴水；一个高效的团队才是大海。

个人与团体的关系就如水滴与大海的关系，只有把无数个人的力量凝聚在一起时，才能迸发出海一般难以抵挡的力量。因此，个人的发展离不开团队的发展，个人的追求只有与团队的追求紧密结合起来，并树立与团队风雨同舟的信念才能和团队一起得到真正的发展。没有完美的个人，只有完美的团队。

2004年雅典奥运会上演的中国女排冠军争夺赛就是一个最佳明证。女排比赛开始之前，意大利排协技术专家卡尔罗·里西先生在观看中国女排训练后很肯定地认为，中国女排在奥运会上的关键人物是身高1.97米的赵蕊蕊，她发挥得好坏将决定中国女排在奥运会上的最终成绩。不幸的是，在中国女排参加的第一场奥运会比赛中，第一主力赵蕊蕊因腿伤复发，无法上场了。外界都感叹中国女排的网上"长城"坍塌，实力大减，没有了赵蕊蕊的中国女排不再有夺冠的实力。

当时的中国女排姑娘们确实也很困难，只好一场场去拼，在小组赛中，中国队还输给了古巴队。在当时的情况下，很多人都不看好中国女排。

但是中国女排凭借绝不服输的精神，在历经了艰难的打拼之后，杀进了决赛。在与俄罗斯女排争夺冠军的决赛中，身高仅1.82米的张越红一记重扣越过了身高2.04米的加莫娃的头顶，砸在地板上，宣告这场历时2小时19分钟、出现过50次平局的巅峰对决结束。经过了漫长的、艰辛的20年等待以后，中国女排再次摘得奥运会金牌。

——摘自《没有团队精神的组织是一盘散沙》

中国女排凭什么在奥运会上一一战胜了世界强队？陈忠和在赛后接受采访时深情地说："我们没有绝对的实力去战胜对手，只能靠团队精神，靠拼搏精神去赢得胜利。用两个字来概括队员们能够反败为胜的原因，那就是'忘我'。"

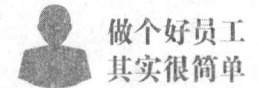

增强团队意识，拥有强大力量

古语说："道不同不相为谋。"公司的目标、文化就是公司所有员工工作的"道"，只有每一位企业员工都把公司的"道"视为自己工作的"价值观"，对公司产生认同感，整个公司才有凝聚力和竞争力。同时，员工也只有认同公司的文化和价值观，才能更好地去维护公司的利益。

其实，培养认同感不仅仅对公司有利，对员工自身来说也非常有意义：它可以让员工对公司的目标、战略产生一种"使命感""自豪感"，潜意识里能激起员工工作的热情和进取心，这样员工的自身价值在公司里才能得到充分体现，员工的需求才能得到相应的满足。

我们每个人选择一份工作、一个团队，实际上也就选择了一整套的价值观。有了价值观，我们才不会仅仅为了个人利益而行事，而是能够从更广泛的意义上去看待事情。

杰克·韦尔奇说："个人与企业共享的价值观能增进个人与企业的效率。如果这两者互不相关，就可能产生许多冲突；如果个人与企业都有相

第五章
团队精神——在集体中实现自我价值

同的价值观,就能够和谐共事。"有些员工之所以能够取得职业生涯的巨大成功,是因为他们将自己价值观的核心内容与企业价值观融为一体了。

在一个公司里工作,不管我们是否真的喜欢都要接受它。接受这个公司,认同这个团队,这决不是靠外力强加于自己,而是实现自己人生价值的一种内在需要。

要想成为一名优秀的员工,我们除了为自身的前途考虑外,也要为整个公司的未来负起责任。它需要每个团队成员让自己的目标与公司的目标看齐,同心协力,互助合作。

"红杉"是一种高大的植物,但红杉的根只是浅浅地浮在地表而已。我们知道,根扎得不深的高大植物,是非常脆弱的,只要一阵大风,就能把它连根拔起,更何况红杉那么雄伟的植物呢。那么红杉为何生长得那么好呢?其原因在于红杉不是独立长在一处,红杉总是一片儿一片儿的生长,长成红杉林。大片红杉的根彼此紧密相连,一株连着一株。自然界中再大的风,也无法轻易撼动几千株根部紧密相连的红杉林。

这就是团结的力量。没有一株红杉可以独立存活,就如没有一个人可以独立生存一样。我们虽然是自然界最具灵性的生物,但我们永远都需要来自各个领域的朋友的帮助才能取得事业的进步。如果我们把自己和大众分开,就是失去土壤的根苗,即使有一时的自由也不会换得永久的常青。我们只有明白了这个道理,才能让自己在人生的这块沃土充分地吸收营养后,更加茁壮成长。

可是在生活中,很多人并没有深刻地领悟到这一道理,他们认为自己的能力很强,完全可以独当一面。但他们并不懂得,再强势的人一旦远离了自己的生活圈子,失去别人的支持都只有失败,即使这个人是一个天才,也不可能逃脱这样的命运。自然界中许多小的生物很早就明白了这个道理。

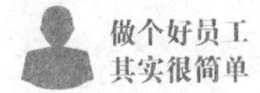
做个好员工
其实很简单

有一年发大水,黄昏时候,洪水最终撕开了江堤,使一个个小院子成了一片汪洋。清晨,受灾的人们三三两两在堤上,凝望着水中的家园。

忽然,有人惊呼:"看,那是什么?"

一个黑点正顺着波浪漂过来,一沉一浮像一个人!有人"嗖"地跳下水去,很快就靠上了黑点,但见他只停了一下,掉头回游,转瞬上了岸。

"一个蚁球。"那人说。

"蚁球?"人们不解。

说话间蚁球漂过来了,越来越近,看清了:一个小足球大的蚁球!黑黑乎乎的蚂蚁密匝匝地紧紧抱在一起。风起波涌,蚁球漂流,不断有小团蚂蚁被浪头打开,像铁器上的油漆片儿剥离开去。

人们看得惊心动魄。

蚁球靠岸了。

蚁球一层层散开,像打开的登陆艇,蚁群迅速而秩序井然地一排排冲上堤岸,胜利登陆了。岸边水中仍留下了不小的一团蚁球,那是英勇的牺牲者,它们再也爬不上来了,但它们的尸体仍然紧紧地抱在一起。

这则故事告诉我们,团结就是力量,如果我们众志成城,那么,我们做什么事都会以最小的代价获取最大的成功;如果我们单枪匹马地行进,迟早会陷入绝境。古人说"三个臭皮匠顶个诸葛亮",说的就是善于运用所有人的智慧的人才是最有智慧的人。

比尔在森林里打猎的时候,不小心迷路了。他不断地穿行奔走,急得满头是汗,但怎么努力都找不到森林的出口,他意识到自己被困在里面了。在经历了几个小时的寻路之后,又累又饿的他最后竟失望地哭了起来。

"请问,你知道这片森林的出口吗?"突然,他听见一个男人的声音在他耳边响起。原来这个男人也是一个迷路之人,但他是从森林的西边进来的,也是走了几天几夜都没有走出去。

"对不起!我也是迷路的人,我无法为你指路,但是如果我们两个商量一下,也许能找到出路。"于是俩人就坐在一起商量。最后按照所分析的路线走,结果还是失败了。两个人只有对坐着唉声叹气,没有任何办法。

"请问,你们知道走出森林的路吗?"突然,俩人听见有人在问他们同样的问题。原来这也是一个迷路的人,这个人是从森林的北边进来的,也是被困在了森林里出不去了。最后,三个人坐在一起商量之后,把每个人的经验都汇到一起,结果再次行动时,就顺利地找到了出口。当他们回头看着被甩在身后的茫茫森林时,不禁感慨万分。

之后,这三个人决定结成生死兄弟,团结一致创一番大事业。他们选择了一个共同的目标,并利用了各自的优势,明确分工,遇到困难时就如在森林里那样团结一致共同渡过难关,结果,这三个人在商业界创出了一个举世瞩目的公司,而这个公司的企业理念就是团结奋斗。

——摘自《团队的力量不可忽视》

叔本华说:"单个人的力量是软弱无力的,就像漂流的鲁宾逊一样,只有同别人在一起,他才能完成许多事业。"这启示我们,要注重团结的力量,不要自己单打独斗。只有齐心协力,才能创造一个又一个的辉煌。

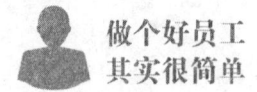

做个好员工
其实很简单

顾全大局，培养合作团队

顾全大局，甘当配角，从表面上看自己是遭受损失了，但是从更深层次来看，当配角的人同样也是赢家。因为你的谦让、你的付出，能使整个团队获得更大的成功，反过来说，团队成功则是个人成功的保障！

某公司有6名保安。当经理决定从他们6个人当中选出一名为队长时，6个人便分别向经理自荐。其中有3个人自荐时，还捎带说了其他同事的坏话，比如某某在工作时间闲聊，某某有抽烟喝酒的不良习惯等。由于6个人都有想当队长的强烈愿望，经理决定通过比赛的形式选拔。

首先，经理把6个人分成甲、乙两组，每组3人，让他们徒手翻过一堵3米高的墙，当然，墙的那一边铺上了安全垫。如果哪一组先上去，哪一组就是赢家，然后获胜的组再进入下一轮的决赛，最终胜出者就是队长。

毫无疑问，3米高的一堵墙，普通人如果不借助工具，要从光滑的墙壁上爬上去几乎是不可能的，而且经理给出的时间只有3分钟。怎样才能翻过那堵墙呢？

第五章
团队精神——在集体中实现自我价值

甲队的3名队员径直来到墙根下，其中一名叫李强的小伙子迅速蹲在地上，对另外两个人说："快，你们踩着我的肩膀爬上墙头，然后再拉我上去。"

"这……"

"还犹豫什么？快上……"

于是，另外两个人踩着李强的肩膀迅速爬上了墙头，然后分别伸出一只手把他拉上了墙头，3人一齐跳到了对面的垫子上。

经理满意地点了一下头，甲组的3名队员整个翻墙过程只用了2分40秒。

再看看乙组。乙组的3名队员还在争论着，且声音越来越大。3个人中身材最高大的吴欢大声抗议道："什么？让我当梯子，你们踩着我的肩膀上？不行！我又不是木头，你们踩在我肩上多痛啊！再说，谁能保证你们俩上去后会伸手拉我呢？"

"你不当梯子，我也不可能，我感冒了，我身体还虚着呢。"小个子王进说。

就在3人还在争论不休的时候，经理走过来说："别争了，你们谁也不用当梯子了。"

"啊，经理，我们可以不通过这一关就直接进入下场比赛了？"乙组的3名队员高兴地问。

"是的，你们可以不过这一关了。因为你们已经超过了规定的时间，所以你们也用不着参加下场比赛了。"经理说完，径直走了。

——摘自《顾全大局，甘当配角》

甲队之所以能顺利地进入下一轮比赛，是因为他们具有团结一致、齐心协力的精神，尤其是李强具有顾全大局，甘当"梯子"的团队意识和团队责任感。假如甲队的3名队员也像乙队的3名队员那样，谁也不愿当"梯子"，那么谁也别想翻过墙头进入下一轮比赛。

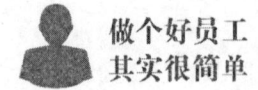
做个好员工
其实很简单

由此可见，工作中，任何人都不可能在没有支持和帮助的情况下独立实现全部目标。更为关键的是，如果一个人不顾大局，不愿当配角，没有一点团队责任感，那么别人也会如此"回报"他，那么想当"主角"的机会也就遥遥无期了。所以，为了团队的整体利益，为了工作的完美，我们应当努力去培养团队精神与责任感。

在团队合作的时候，经常会出现观点不一致的现象。在这时，每一个成员要做的不是强迫他人接受自己的观点与看法，而是在信任的基础上积极沟通，找出自己与他人观点中相同的地方，求大同存小异。只有给予对方充分的信任，才能使整个团队保持凝聚力，从而在促进公司发展的同时，也带动自身的成长。

有这样一位营销经理，其管理水平与业绩都很出色，但是，他团队中的员工却并不是这样，办公室里面常常显得死气沉沉，每个员工对自己的工作都好像没有太高的积极性。这让所有的人都想不通，一个出色的管理者居然不善于管理自己的团队！

最近，这位管理者就这个问题请教了有关的专家，专家给了他一份测试评估表。等他将评估表上的测试都做完的时候，他甚至不敢相信自己的眼睛，上面的结果说他不是一个善于倾听的人，甚至不信任自己的下属。对于这一点他很不解，问专家："我怎么会是一个不善于倾听而且不相信他人的人呢？如果我不相信他人，那我的营销团队岂不是很危险吗？"专家说道："这个问题我也不知道，你开个会让员工们自己说，看你是不是这样的人。"

会议上，营销经理拿着专家给他的评估结果，对大家说道："上面的结果说我是一个不善于倾听，而且是不相信大家的人，你们说是这样的吗？"但是，团队的每个人好像很害怕说实话似的，对他说道："您是一个善于倾听的人，没有不相信我们，每次我们与您的意见不一致的时候，您都能充分协调,给出让双方都满意的结果,比其他部门的经理好多了。"

对评估表上给出的结果,团队中的员工也都给出了否定的答案,这让在一旁倾听的专家感到很担忧。他们不说实话就是对团队不负责任的一种表现,甚至还会毁掉团队的发展。正在专家担心的时候,听见了一个很小的声音:"您有的时候确实做得不太好,总是固执己见,我们给出的意见您不采纳,我们在阐述自己的观点时,您甚至会粗暴地打断。可以说,这份评估表上的结果是完全符合您的,希望您能认识到自己的不足,并加以改善。"

听到这里,专家才感到欣慰,觉得总算有人肯说真话了,如果该营销经理按照这位员工说的去改变自己处事的态度,团队还是会有较好的发展前景的。而这时,营销经理也说话了:"他说的话,不论大家认同不认同,但是我觉得我还是应该按照他说的去做,这样对团队有好处。一个人就是应该听进去不同的意见,所以我决定从今天起做一个善于倾听并且信任同事的好上司、好同事,以促进我们营销团队的发展。"听了营销经理的话之后,房间里响起了掌声,表示对上司的支持。

故事中专家的担忧,就是针对那位营销经理不信任下属而产生的担忧。可以说,这种担忧不是没有道理的,尤其是在当前职场中,一个企业中的所有员工就是一个团队。不论是同事之间缺少信任,还是领导与下属之间缺少信任,都会降低团队合作的凝聚力,从而降低团队合作的效率。

在职场中,每个人都希望自己所在的团队是一个高效的团队,但不是每个人都明白如何才能打造一个高效的团队。在一个团队中,每一位成员都扮演着不同的角色,只有彼此相信对方,才能增加团队的凝聚力,从而保证工作顺利完成。

因此,作为一名员工,必须清楚地认识到:诚信是团队合作的基石,唯有互相信任,才能将大家的力量拧成一股绳,才能使自己的团队所向披靡。

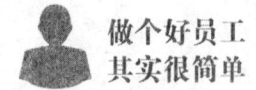
做个好员工
其实很简单

懂得合拍,不做团队中的"短板"

管理学中有一个著名的"木桶理论",是说木桶最主要的作用是用来盛水,一个由多块木板构成的木桶,其价值在于盛水量的多少,但决定木桶盛水量多少的关键因素不是最长的板块,而是最短的板块。这块短板本身是有用的,只是因为"发展"得没有其他木板那么好,就因为个体的落后而影响了整体的实力。

很多管理学的学者都在研究解决"如何把企业最短的那块木板变长"这一课题。例如,企业的生产能力、研发能力比较突出,是长木板;而企业的营销能力相对较差,造成产品积压,那么营销能力就成为短板。这时,管理专家就要考虑如何解决营销问题。或者,企业销售不错,但扩大生产所需资金成为企业发展的软肋,是短板,那么企业上上下下都会着手解决资金问题……

任何时候,那块短木板总会阻碍整体的发展,是影响整体成绩的最重要因素。在团队中,每个成员都要尽力不做"短木板",不要因为自己的因素影响整体的成绩。团队素质要想得到提高，必须是每个成员的素质都得到了提高，尤其是那些"短木板"。

某企业向股东公司申请"调兵"前来协助完成一项任务。正巧股东公司董事长最近对一名员工颇有想法，因为那名员工业绩表现不佳，明明能够做得更好却不努力。这样消极的态度又影响了团队中的其他人，导致整个团队效率不高。于是董事长决定把这名员工派下去，让他接受一下考验，也吃一点苦头，多获取一些进取心。

走之前，董事长对这名员工说："你要知道，我最相信你才派你去的。在外工作，代表的是整个公司的形象，千万不要给我丢脸！"

这名员工很高兴，觉得在公司呆得太久，总是有各种各样的上司、能人压得自己喘不过气，所以才形成了消极的工作态度，好不容易有了一个施展拳脚的机会，一定要好好表现。于是他在下属公司里表现得颇为出色，当然也吃了不少苦头，发现了自己以前工作中出现的问题，知道自己应该怎么改正了。三个月借调期过后，他再回到原公司，仿佛脱胎换骨一般，与团队合作的效率一下子高了很多。

能够做好自己的工作，是每个职员要恪守的准则。齐格勒说："如果你能够尽到自己的本分，尽力完成自己应该做的事情，那么总有一天，你能够随心所欲地做自己想要做的事情。"反之，如果凡事得过且过，从不努力把自己的工作做好，那么任何老板都会毫不犹豫地把他排斥在自己的重用下属之外。

不做团队中的"短板"，我们就要不断地追求进步，不断发现自身的"短板"，或是性格方面，或是技能方面，或是……之后，填平补齐，增益己所不能。

不够职业化的人很容易强调自己的"节拍"："单位理念归理念，我有自己的想法和原则"，"在家都是这样做的，到了单位我干吗要改"，"单

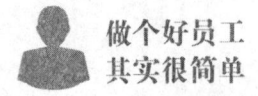

位的标准太高了,我又不想一辈子呆着,干吗要按照那些要求做"……

但只强调自己"节拍",却跟团队格格不入,何谈在职场中有发展呢?

那么,个人如何才能做到与单位"合拍"呢?

1. 和单位的利益合拍

单位是一个集体,集体有集体的约束,每个员工都应该树立集体观念,积极融入集体,时刻为集体的利益着想。比如:中午,员工出外吃饭了,办公室所有的灯、空调、电脑等都应该及时关闭,节约用电。

2. 与单位的核心理念合拍

这点对于身处职场的人来说至关重要。如果连单位的核心理念都不知道、不认同,总是要按自己的那一套来,可以说,在哪个单位都不可能有好的发展。

举一个简单的例子,如果公司强调阳光文化,而你却整天牢骚满腹、整天阴沉着脸;如果公司强调个人的成长,而你却总在原地踏步;如果公司强调团结和谐,而你却偏偏要独来独往,什么都不参与、一点都没有互助精神,那还能在这个公司待下去吗?毕竟,你只能去适应单位的理念,而不可能让单位的理念来适应你。

最聪明的人,都会在进入单位的第一时间,了解单位的核心理念,并按照理念的要求去做事,因为他们知道,只有融入才会有发展。

3. 与单位的要求和标准合拍

每个单位都有对工作的要求和标准。刚开始,新员工要做到这些可能有些费劲。但这并不能成为自己不去努力的借口。

正因为能力不够,才更要提升自己。因为没有一个单位会允许一个员工永远达不到标准和要求。只有先把要求的事情做到,才可能有更高的发展平台。

摒弃个人主义,坚持团队合作

一个人的力量总是有限的,要是不善于和他人合作,不积极融入到团队,那么便很难在这个竞争激烈的社会中生存。团队合作不仅是一种对己、对事、对人的自制力,也是一种与人和谐相处的能力,更是一种以博大的胸怀接纳他人的能力。学会团队合作是壮大团队的一条重要原则,否则是另外一种局面。在这一方面,动物界给了我们警醒。

有一天,三只老鼠同去一个很深的油缸偷油喝,够不到油喝的它们急得在油缸边上直打转儿。一会儿,老大想出了一个好办法,就是一只老鼠咬着另一只老鼠的尾巴,吊下缸底去喝油。老二和老三都同意,它们还约定大家轮流着喝,有福同享。

老大最先吊下去喝油,它想:"油量是有限的,大家轮流喝一点儿也不过瘾,今天算我运气好,干脆自己跳下去喝个饱,我才不管它们呢。"

夹在中间的老鼠想:"下面的油本来就不多,万一让老大喝光了,那我还喝什么啊?我看还是把它放了,自己跳下去喝个痛快再说!"

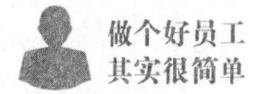
做个好员工
其实很简单

最上面第三只老鼠也暗自嘀咕:"油那么少,等它们两个吃饱喝足,我连油底都喝不上了。还不如趁这个时候把它们放了,自己跳到缸底饱喝一顿。"

于是,老二狠心地放开老大的尾巴,老三也迅速放开老二的尾巴,它们争先恐后地跳到缸里去了。最后,三只老鼠都淹死在了油缸里,谁也没有喝上油。

这个故事告诉我们,团队成员之间只有真诚合作,才能顺利实现团队目标。每一个人都应忠诚负责地对待自己的工作,不能因个人私利而置他人利益不顾。这样才能形成凝聚力,增强战斗力,最大化地发挥潜力。

这个道理也适用于现实生活中的我们。在团队中,很多时候靠一个人的力量做成一件事情是很难的,不善于与人合作,那么这样的人很难成大事,只有合作才能成功。团队合作既是一种能力,也是一种艺术。

小孙毕业于北京一所名牌大学市场营销专业。经过几年的市场实战的历练,他积累了丰富的经验,在北京混得还不错。后来,他应父母的要求,回到了老家长沙,在当地的一家大公司市场部就职。由于他专业对口,专业知识扎实,并且还有丰富的工作经验,所以他为公司创造了不小的业绩,因此深得领导赞赏。

有一次,公司在内部广征市场拓展方案,小孙得到这个任务的时候,领导特意夸了他两句,不过还是提醒他们:由于这是一次尝试,小孙跟其他几个新人,既可以每人单独完成一份,也可以合作完成一份。

其实,这是一个展现自己才华的大好时机。小孙与其他几个新人都希望借助这个机会,争取在领导面前好好地表现一番。小孙自认为自己有丰富经验,对市场行情把握得准确,所以决定自己做一份。一周之后,他将自己的方案交给了领导。本以为能得到领导的称赞,不成想,领导对他的回复是:"你的宏观视野很开阔,不过缺少了一些本地化的东西,所以在本地的操作性并不强。"之后，经理把几名新人召集在一起，让他们彼此交流自己的想法，共同做一个方案。在经理的建议下，他们将各自方案中的亮点进行了提炼和重构，完成了一个新方案。结果领导对这个方案非常满意。通过这次合作，小孙跟其他几个新人也学到了不少东西。

合作、相互学习是通向成功的桥梁，只有学会团队合作，才能实现自己的理想和远大的抱负。这就是合作的力量。

歌德说："不管努力的目标是什么，不管他干什么，他单枪匹马总是没有力量的。合群永远是一切善良思想的人的最高需要。"的确，在当今这个错综复杂的职场上，人们只有摒弃个人主义，懂得团队合作，才能有效地弥补自身的不足，才能实现单凭个人力量达不到的目标。

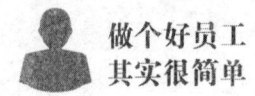
做个好员工
其实很简单

面对问题，学会合作与借力

很多人刚入职场或者刚到一个新公司，都有一股闯劲，迫切希望做出一番成绩，证明自己的能力。这是一种很好的"立功心态"，非常值得肯定。毕竟，在任何单位，能立功的人不仅能更好地为单位创造价值，还能让自己得到更大的发展与回报。

但有一点需要特别注意，那就是不要因此而觉得自己天下第一。就算取得了成绩，也不要沾沾自喜，而要学会谦虚。因为，一个人不管多么出色，一旦离开了团队，也就没有了用武之地。如果过于突出和强调自己，可能就会给自己的发展制造障碍和阻力。

小刘研究生毕业之后进入一家企业工作，职务是总经理助理，由于个人能力突出，总经理对他非常器重，在很多事情上都可以和公司的总监平起平坐。

这让小刘有点飘飘然了。在一次公司聚会上，他喝了很多酒，高兴之余忍不住说："看到了吧，公司没有我是不行的……"这时，坐在小刘旁边的几位总监脸色一下子变得很不好看。

第五章
团队精神——在集体中实现自我价值

这番话最终传到了总经理的耳朵里。两个月之后,总经理找了一个冠冕堂皇的理由让小刘离开了公司。直到离开公司,小刘也没弄明白,自己到底错在哪里?

很多人遇到这样的情况,可能也会想不通,难道有能力也是错?其实不然,真正的原因是,他们自以为是,不懂得与他人合作。这种做事态度又怎会得到他人的认可呢?

如今,分工与合作已变得越来越重要。在工作中,那些信仰个人主义,以为仅靠一己之力就可以出色完成任务的人将会越来越难以生存。而只有学会借力与合作,我们在职业生涯中才能走得更远。

在非洲大草原上,三只瘦弱的鬣狗正与一只高大的斑马进行一场生死搏斗。

乍一看,你一定会为弱小的鬣狗担心。再仔细看下去,你就不会担心了。实际情况是:一只鬣狗咬住斑马的尾巴,任凭斑马如何甩动尾巴,也死死咬住不放;另一只鬣狗咬住斑马的耳朵,任凭斑马如何摇头,也决不松口;还有一只稍显强壮的鬣狗咬住斑马的一条腿,任凭斑马如何踢腾,它一点也不敢懈怠。

不一会儿,在三只鬣狗的齐心攻击下,"庞然大物"——斑马终于体力不支瘫倒在地,成为它们的盘中餐了。

在工作中,类似上述故事中的案例不胜枚举。不论是国家间、地区间的合作,还是企业间、个人间的合作,无不验证着"合作共赢"的正确性。生产商离不开原料供应商和批发商,批发商又离不开生产商和零售商,一节连着一节,一环扣着一环,谁也离不开谁。

当年,拿破仑率领法国军队横扫欧洲大陆,所向披靡,但在进攻马木留克城的时候,遭到了顽强的抵抗。马木留克城的士兵高大威猛,一个法国士兵根本就打不过一个马木留克城的士兵。

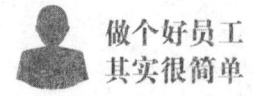
做个好员工
其实很简单

后来拿破仑发现，两个法国士兵却可以打过两个马木留克城的士兵，一群法国士兵可以打过一群马木留克城的士兵。所以，他让法国士兵尽量避免单独作战。最终依靠合作，法国士兵打败了马木留克城的士兵，攻下了城池。

——摘自《没有任何借口》

原来，马木留克城的士兵虽然强悍无比，但他们不重视合作，没有团队精神，自己打自己的，同伴遇到了危险也不去接应。而法国士兵却善于合作，依靠合作最终获得了胜利。

网上流传着这样一个经典的"段子"：

一只兔子坐在洞口打字，一只狐狸跳到它面前说："我要吃了你！"兔子说："等我把这篇论文写完也不迟。"狐狸感到非常奇怪，便问："你能写什么论文？"兔子回答："我的论文题目是《兔子为什么比狐狸更强大》。"狐狸说："这太可笑了，你怎么可能比我强大？"兔子一本正经地说："不信你跟我来，我证明给你看。"它把狐狸领进山洞，狐狸再也没有出来。兔子继续在洞口打字，一头狼跳到它的面前说："我要吃了你！"兔子说："等我把这篇论文写完也不迟。"狼感到非常奇怪，便问："你能写什么论文？"兔子说："我的论文题目是《兔子为什么比狼更强大》。"……兔子又把狼领进了山洞，狼再也没有出来。过了一会儿，一头狮子走出了山洞，打着饱嗝说："你干得不错，今天我吃到了非常丰盛的午餐。"

——摘自《团队的力量》

从这个故事中，我们不难看出，兔子和狮子的合作是一个双赢的结局。狮子可以毫不费力地饱餐一顿，而兔子也因为有了狮子的保护免除了性命之危，可谓是各取所需。在这里，缺少了任何一方都不会有如此完美的结局，这就是借力与合作的力量。

所以，我们在工作中应该充分认识到团队精神的重要性，面对问题要学会借力与合作，从而更出色地去完成任务。

第五章
团队精神——在集体中实现自我价值

默契配合，让潜能在合作中释放

团队成员中，有的性格直爽，有的含蓄沉稳……如何在工作中与各种性格的团队成员默契配合，是每个团队成员都必须考虑的问题。一名优秀的员工应该懂得，如何与不同性格的成员通过互补和协作去共同完成任务。

2005年10月12日，由费俊龙和聂海胜担任航天员的"神舟六号"飞船在巨大的轰鸣声中射向太空，并于2005年10月17日凌晨4时33分在内蒙古四子王旗中部草原成功着陆。对此，世人无不称赞他们俩是举世无双的组合。我国第一位进入太空的航天员杨利伟曾向媒体这样透露："'神六'飞行，不比'神五'飞行。'神五'飞行只有一名'乘客'，不存在分工和配合的问题；但'神六'的飞行则是由两人小组完成，所以既要考虑他们的专业技术能力搭配，还要兼顾个人性格、心理稳定性的搭配以及双方良好的心理相容性。"

在"神六"的飞行中，费俊龙和聂海胜分别担任指挥长和操作手。在

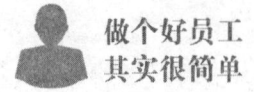
做个好员工
其实很简单

升空过程中,指挥长将根据自己面前的一张操作程序表,指挥操作手用一根操作棒进行各项操作。因为穿着航天服,两名航天员能通过话筒与地面指挥控制人员直接对话,但两名航天员之间不能直接对话,只能彼此用手势交流,因此,两名航天员之间的默契配合至关重要。

在进行航天员挑选的时候,指挥中心便考虑到性格的互补问题,因为飞船上两个人的工作是有分工的,需要默契配合。同时,两个人在训练成绩上也要能够互补,并且愿意同对方一起执行任务。在三组候补梯队里,费俊龙和聂海胜不约而同地把对方作为了首选。

费俊龙说,聂海胜最大的特点就是沉稳和扎实。而聂海胜则称,费俊龙在工作上是一个非常严谨的人,无论干什么事情、做什么工作,都想得比较细,做之前也会进行充分的准备,对训练中的每一个环节、每一个动作,都考虑得很细,使整个训练程序能完整、顺利地走下去。

费俊龙和聂海胜两个人性格不同,但他们能相互容纳对方,取长补短,默契配合,这是他们能顺利完成航天任务的关键因素之一。

——摘自《团队精神》

事实上,不只是航天员需要性格互补、默契配合,任何团队中的成员也一样。不管你从事的工作是伟大还是卑微,是复杂还是简单,都需要团队成员支持,都需要具备团队意识与合作态度。因此,在工作中,我们不应过分关注团队成员在性格上是否与自己相似,而要把精力放在怎样去做,才能与性格不同的团队成员形成互补。

然而,在一些公司里,却经常能看到这样的一种现象:当上司把一项任务交给两个平时在工作上都能独当一面的员工时,效果却很糟糕。有时甚至根本完成不了任务,即使完成了任务,在向上司汇报时,他们也会抢功劳,向上司表明自己在完成这项任务时是如何如何努力,而自己的搭档则是如何低能;有时甚至任务还没完成,搭档之间已成为"仇人"。

第五章
团队精神——在集体中实现自我价值

为什么会出现这种现象呢?答案很简单,他们没有团队责任感,没有协作精神,不能互相包容,从而无法齐心协力地共同完成任务。

由此可见,是否懂得与不同性格的团队成员默契配合,是衡量一个人是否具备团队精神和责任感的重要标准。

精诚合作、集思广益是人类最了不起的本领,它不仅可以创造奇迹,开辟前所未有的新天地,还能激发人类最大潜能,即使面对人生再大的挑战都不足为惧。

米歇尔是一位青年演员,刚刚在电视上崭露头角。他英俊潇洒,很有天赋,演技也很好,开始时扮演小配角,现在已成为主要角色。从职业上看,他需要有人为他包装和宣传以扩大名声。因此,他需要一个公共关系公司为他在各种报纸杂志上刊登他的照片和有关他的文章,增加他的知名度。

不过,要建立这样的公司,米歇尔拿不出那么多钱来聘用高级雇员以及支付其他开销等。偶然的一次机会,他遇上了莉莎。

莉莎在纽约一家公关公司工作,但到目前为止,一些比较出名的演员、歌手、夜总会的表演者都不愿意同她合作,她的生意主要是靠一些小买卖和零售商店。最终俩人一拍即合,联合干了起来。米歇尔成为她的代理人,而她则为他提供出头露面所需要的经费。

他们的合作达到了最佳境界。米歇尔是一名英俊的演员,并正在时下的电视剧中出现,莉莎则让一些较有影响的报纸和杂志把眼睛盯在他身上。这样一来,她自己也变得出名了,并很快为一些有名望的人提供了社交娱乐服务,他们付给她很高的报酬。米歇尔不仅不必为自己的知名度花大笔的钱,还随着名声的增长,也使自己在业务活动中处于一种更有利的地位。

——摘自《人际交往实质——人际交往的最高境界是互利》

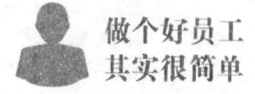
做个好员工
其实很简单

米歇尔需要求助于莉莎,获得为自己做宣传的费用;莉莎为了在她的业务中吸引名人,需要米歇尔作为自己的代理人。通过合作,他们互相满足了对方的需要。这个原则,同样可运用于日常工作中。

每个人的能力都需要得到证明,大家一起合作,便能让彼此的能力都得到发挥,可谓一举两得。

公元前450年,古希腊历史学家希罗多德来到埃及。在奥博斯城的鳄鱼神庙,他发现大理石水池中的鳄鱼,在饱食后常张着大嘴,让一种灰色的小鸟在那里啄食剔牙。这位历史学家感到非常惊讶,他在自己的著作中写道:"所有的鸟兽都避开凶残的鳄鱼,只有这种小鸟却能同鳄鱼友好相处,鳄鱼从不伤害这种小鸟,因为它需要小鸟的帮助。鳄鱼离水上岸后,张开大嘴,让这种小鸟飞到它的嘴里去吃水蛭等小动物,这使鳄鱼感到很舒服。"

这种灰色的小鸟叫"燕千鸟",又称"鳄鱼鸟"或"牙签鸟",它在鳄鱼的"血盆大口"中寻觅水蛭、苍蝇和食物残屑;有时候,燕千鸟干脆在鳄鱼栖居地宿营,好像在为鳄鱼站岗放哨,一有风吹草动,它们便一哄而散,使鳄鱼猛醒过来,做好准备。

——摘自《人力资源管理——职场共赢的七大法则》

在鳄鱼身上,这种小鸟的价值得到了最大限度的发挥。否则,它只是一种到处觅食的小鸟而已,不可能得到人类的关注;鳄鱼在为小鸟提供食物的同时,也使得自己的口腔得到了清洁。真是一种双赢的局面。

在与别人的合作中,充分发挥自己的潜能,不仅可以给整个团队带来收益,也会使自身的价值得到证明。默契配合,让潜能在合作中释放,是每一名优秀员工的必经途径。

第六章

尽职尽责

——高悬责任之心才能迈向卓越

成功学大师博恩·崔西说:"一次做好一件事的人比同时涉猎多个领域的人要好得多。"爱迪生也认为:"如果一个人将他的时间和精力都用在一个方向、一个目标上,他就会成功。"对工作负责,不找借口的员工必定是公司的未来。

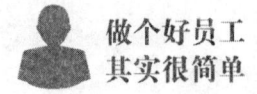
做个好员工
其实很简单

尽心尽责,养成一种习惯

现代职场中工作越来越程序化,一项工作的完成需要多个部门的配合,只要有一个人对工作稍有敷衍,就有可能导致整个工作的失败;只要有一丁点儿的不负责,就可能造成一场惨剧。

克里是一位火车后厢的刹车员,因为他聪明和善,常常面带微笑,所以深受乘客们的欢迎。一天晚上,一场暴风雪不期而至,火车晚点了。克里抱怨着,因为他还要在寒冷的冬夜里加班。就在他考虑用什么样的办法才能逃掉夜间的加班时,另一个车厢里的列车长和工程师对这场暴风雪警惕了起来。

这时,在两个车站间,这列火车发动机的汽缸盖被风吹掉了,不得不临时停车,而另外一辆快速车又不得不拐道,几分钟后要从这一条铁轨上驶来。列车长赶紧跑过来,命令克里拿着红灯到后面去。克里心想,后车厢还有一名工程师和助理刹车员在那儿守着,便笑着对列车长说:"不用那么急,后面有人在守着,等我拿上外套就去了。"列车长一脸严肃地说:"一

第六章
尽职尽责——高悬责任之心才能迈向卓越

分钟也不能等,那列火车马上就要来了。"

克里微笑着说:"好吧。"列车长又匆匆忙忙地向前部的发动机房跑去了。但是,克里没有立刻就走,他认为后车厢里有一位工程师和一名助理刹车员在那儿替他看着这项工作,自己又何必冒着严寒和危险,快速跑到后车厢去呢。他停下来喝了几口酒,驱了驱寒气,这才吹着口哨,慢悠悠地向后车厢走去。

克里刚走到离车厢十来米的地方,就发现工程师和那位助理刹车员根本不在里面,他们已经被列车长调到前面的车厢去处理另一个问题了。他加快速度向前跑去,但是,一切都晚了。在这可怕的时刻,那辆快速列车的车头撞到了克里所在的这列火车上,受伤乘客的嘶喊声,与蒸汽泄漏的"嗞嗞"声混在了一起。

后来,当人们去找克里时,他已经消失了。第二天,人们在一个谷仓中发现了他。此时,他已经疯了,在不停地叫喊着:"啊,我本应该……"他被送回了家,随后又被关进了精神病院。

——摘自《责任激发潜能》

克里为他的失职付出了沉重的代价,但即便是如此沉重的代价,也无法挽回事情的结局。克里用他的经历给我们上了严肃的一课。

也许有人会说克里的工作是一个很特殊的工作,像我们就做一些简单工作的人没有必要过分认真,过得去就行了。事实并非如此。不论我们职位的高低,也不论工作的大小,我们都必须尽心尽责地去将它做好,因为尽心尽责是把工作做好的前提。

中国新生代演技派的代表人物何冰,就是凭着对工作尽心尽责的态度,终于迎来了给自己带来希望的雨季。

1991年,何冰从中央戏剧学院毕业之后,被分配到北京人民艺术剧院。当时的人艺在很多学表演的人心中堪比皇家大剧院,很多人做梦都想着能

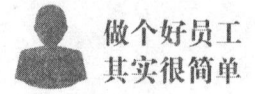
做个好员工
其实很简单

进人艺,而何冰没费吹灰之力就进去了,他当时就想着将来自己一定要在里面出人头地。

结果却事与愿违。他本想进入了人艺,就会有许多角色给自己演,结果却没有,刚去的前4年时间,他天天都是坐冷板凳。唯一演过的一个角色就是在话剧《李白》里面演了一个跑龙套的,而且只有一句台词,一声从台下到台上的"报——",除此之外,再无其他。

4年,1460天的时间,对一个以表演为职业的人来说,每天就干等着,这绝对是一种难以忍受的折磨,换了任何一个人,都极有可能改行了。但是何冰却没有,他说自己来人艺就是公司的一个演员,自己随时等待有合适的角色出演。

在剧组没有给自己安排角色的时候,他就利用这段时间自己琢磨角色、琢磨人、琢磨书。因为自己既然选择了表演这条路,就要将这条路走到底,就要让自己的表演达到最佳状态。而要想让自己达到最佳状态,在舞台上能准确地传达出自己所要演绎的角色的情绪,就必须做足前期功课。虽然自己现在还没有上台的机会,但这一天总归是会到来的,自己不能因为缺少演出的机会就忽视了自己作为演员的职责,不能对不起人艺的培养。

不知道这种坐冷板凳的日子到底还要持续多久,何冰对于不可预知的未来,有时候也会觉得苦恼。但即便如此,他依旧牢记自己的演员身份,琢磨书、戏、人,觉得有点倦了的时候,他就跑去看戏,去观察台上的老演员们的表演技巧,作为自己的知识储备。

在人艺待了4年后,1995年,何冰的机会终于来了。当时话剧《鸟人》的导演林兆华给了他一个小人物黄毛的角色,这个角色在剧中只有7分钟的戏,但是凭着自己先前所做的准备工作,他将这个角色演得活灵活现,赢得了观众的满堂喝彩。

第六章
尽职尽责——高悬责任之心才能迈向卓越

因为这一次的出色表演,何冰的演技得到了大家的认可,他获得了更多的演出机会,观众对于他在戏剧中的精彩表现更是过目不忘。1998年,他因为出演《雨过天晴》中的一个角色和2003年出演《赵氏孤儿》中的程婴,先后两次获得中国戏剧表演的最高奖——梅花奖,也为人艺创造了巨大的财富。

何冰终于实现了他的演员梦。他之所以取得骄人的成绩,有一个很重要的原因就在于他面对自己的工作尽心尽责,发挥自己最大的努力,力求把自己的工作做到最好。同理,在职场中也没有捷径可走,我们要想做好工作,就必须尽心尽责、踏踏实实地付出百分之百的努力。

常言说"习惯成自然",而习惯好命才好。好的生活习惯,会让人受益终生;不好的生活习惯,会阻碍一个人事业的前进,影响人的一生。所以我们应该重视习惯,并且努力培养自己好的习惯。让责任感成为一种生活习惯,是我们事业成功的重要条件,也是生活的必需,更是一名优秀员工的所需。

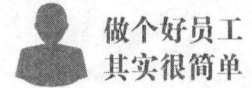
做个好员工
其实很简单

耐心专注，不三心二意

很多职场中的人之所以没能把工作做彻底，很大一部分原因就在于他们做事情时不够专注，他们在工作的时候老是三心二意，虽然人在工作岗位，但心早已不知道飞离了多远。

一个人在工作时，如果注意力分散，不是在考虑手头的工作，而是想着其他的事情，或同时在做其他的事情，工作效率就会大打折扣。而以专注的态度对待自己的工作，是把工作做彻底的基本前提，也是成为一名优秀员工的秘诀。著名的青年演员孙俪，便是靠着专注的品质，一步步地走向了成功。

孙俪在成为演员之前，曾经是一名部队的文艺兵。当兵第一年，她就幸运地赶上了8年一次的全军会演，并获得了舞蹈表演一等奖，荣立三等功；第二年，她被评为"优秀士兵"；第三年，她又参加了全国"群星奖"舞蹈大赛，获金奖，并荣获二等功。

3年之后，在孙俪18岁的那年，她退伍了。虽然在部队的时候可以称得

第六章
尽职尽责——高悬责任之心才能迈向卓越

上是"战功赫赫",但是退伍之后她就什么也不是了,一下子从一名军人成为一名待业青年。自己的未来该何去何从?她陷入了迷茫之中。

后来她忽然想起了自己在参军第二年的一次表演经历,那次是为正在拍摄《情深深雨蒙蒙》的赵薇进行伴舞,但是等到片子出来之后,她发现摄影师的镜头只是无情地从她和战友们的脸上一滑而过。跳完舞后,她和战友们远远地站着,看如众星捧月的赵薇拍戏、化装。就在刹那间,孙俪的脑中突然闪过一个念头:"有一天,我也要和赵薇一样。"

为了实现演员梦,退伍后的孙俪开始为了自己的梦想而努力。如何才能让自己进入到影视圈呢?没有门路也没有关系的孙俪决定从参加选秀节目开始,这在当时来说,对她是一种最为直接、也最为有效的方式。于是她报名参加了新加坡的"才华横溢新秀选拔赛",在比赛过程中她一路过关斩将,一口气拿下了比赛的亚军和智慧大奖。

当时新加坡最大的一家电视台想与她签约,与她一同参加比赛的其他几个女孩子都签了约。当合约书推到她面前时,她却迟疑了:自己在异国他乡的这个舞台上能得到多少东西呢?能实现自己当初的梦想吗?在得到了否定的答案后,她觉得还不如回到国内重新寻找新的机会。

于是,孙俪两手空空地准备回上海。那天不知道为什么飞机竟然晚点了近3个小时,百无聊赖的她便随手买了一本《玉观音》打发时间。谁知刚翻开书没多久,她就被书中的主人公安心吸引住了,她的心情跟着安心的脚步也在跌宕起伏。她想如果这部小说要拍成电视剧,自己一定能将安心演好,演得出彩。

谁知道刚下飞机,她就接到了海润公司的签约电话,这时候她才知道,自己真的被选为《玉观音》的女主角,将要饰演安心。她终于实现了自己的演员梦。

孙俪在被选定为饰演安心的人选的时候才19岁,除了有在部队三年的

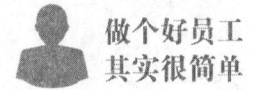
做个好员工
其实很简单

舞蹈演员的经历外,她没有丝毫的表演经验,这样的自己能够胜任这个角色吗?孙俪对即将到来的表演还是有点不自信,不仅她自己对自己有所怀疑,外界对她质疑的声音也是一浪高过一浪。

这些质疑的声音也不是毫无道理的,因为对于纷繁复杂的世情,孙俪没有过多的体会。但是孙俪很快就重新建立了自信,她想:安心立过二等功,我也立过二等功;安心是O型血,我也是O型血;安心做到的,为什么我就做不到?只要自己专注于这个角色,努力用功,就一定能够把她演好!

暗下了决心的孙俪,抛开一切思想杂念,开始了一步一步的努力:因为自己是南方人,普通话说得不是太标准,于是她便请中戏的老师指导自己念台词;自己没有学过表演,无法准确把握对角色的演绎,于是她就把对角色所有的想法和困惑写在本子上,然后再一个一个地慢慢琢磨,直到自己理解透彻了为止。

除此之外,为了能让自己更加贴近角色本身,她还根据角色的要求去体验生活:安心是一名警察,孙俪便穿上警服扎进警察堆里体验生活,学跟舞台相比更加生活化的形体、学跆拳道、学开车;安心除了警察的身份外还做过杂工,所以在跆拳道班下课后,孙俪又主动打扫卫生。为了体会安心做母亲的感觉,她跑到医院妇产科体验生活,被人误认为19岁的她怀孕了,但是为了更好地演好安心这个角色,她也忍受着这样的尴尬。

外围的功夫做够了,但孙俪对自己还是不够放心,她担心自己不能很好地理解安心这个人物。于是她又买了一大堆的《玉观音》,送给亲友们阅读,让大家看完之后告诉她在他们心目中的安心是什么样的,然后她再对这个角色重新进行整理。她的付出和努力没有白费,经过这段前期准备工作,安心的形象一下子就无比立体地出现在了她的眼前,她对自己在剧中的表演有把握了。

第六章
尽职尽责——高悬责任之心才能迈向卓越

这部戏播出之后,观众对于孙俪所饰演的安心给予了极大的肯定,她由一个毫无表演经验的新人成为人人皆知的大众偶像,也因此年纪轻轻的她跻身于四小花旦的行列。

现在的孙俪早已脱离了当初的稚嫩和青涩,成长为一个集偶像与实力于一身的著名演员。但她从来不关注自己现在的身份,每次接戏,她仍然如当初饰演安心一样,认真地做好每一部戏的前期准备工作。

——摘自《孙俪:像白玉兰那样顽强而静悄悄地开》

孙俪对待工作的态度值得我们每个人学习。工作时是否专注,已成为衡量一个人最重要的职业品质。如果上班时满脑子想着私事和一些与工作无关的事,那么,再简单的工作也不会干好。

在工作中,如何才能让自己做到专注呢?

1. 专注于眼前的工作

汲取成功人士一次做好一件事的理念,当我们在工作中集中精力、专注于眼前的工作时,就会发现自己获益匪浅。

相反,如果我们在工作过程中定不下心来,就不能集中精力把事情做好,往往是欲速则不达,什么事情也办不成。

2. 全心全意地工作

无论做什么工作,都要能沉下心来,脚踏实地、全心全意地去做。一个人把时间花在什么地方,就会在那里看到成绩,没有一个人的努力是白费的。

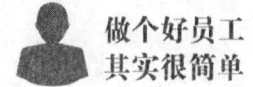

做个好员工
其实很简单

做好平凡事，成就不凡未来

在日常生活和工作中，我们普通人能做大事的实在太少，大多时候我们都在做一些小事，只能做一些琐碎、单调、平淡的事，也许是鸡毛蒜皮。但这就是工作，我们的工作就是由一件又一件平凡的小事构成的，因此，我们要认真做好每一件简单的事。能把简单的事做好就是不简单。

张惠妹，大家所熟悉和喜欢的台湾女歌手。1992年，带着故乡及自己的期待，从山里走出来，参加台视"五灯奖"歌唱比赛。最后却因比赛当日感冒忘词而未能成功卫冕。1993年，因为病中父亲的一句"你唱得比他们好，为什么你不去参加比赛拿个冠军回来呢？"而再次报名参加了台视"五灯奖"。经过半年比赛，夺得"五灯奖"歌唱比赛优胜奖，成为五度五关擂主。

可是等她拿着奖杯回来时，她的父亲已经过世。她只能在父亲的墓前告诉父亲："爸爸，我拿到冠军回来了！"

1995年，夺得比赛优胜之后，张惠妹加入表哥的乐团Relax成为女主

第六章
尽职尽责——高悬责任之心才能迈向卓越

唱,同时开始在台北的许多酒吧驻唱。1996年3月,张惠妹与丰华唱片公司签约,并在同年7月张雨生《两伊战争——红色热情》专辑中与张雨生男女对唱《最爱的人伤我最深》,由此张惠妹独特的歌声受到张雨生的重视。同年12月13日,张惠妹在张雨生的协助下发行第一张音乐专辑《姐妹》。此张专辑在IFPI榜上蝉联九周销售第一名,销售量超过108万张,同时也打破了张学友在1993年所创下的纪录。

1997年6月11日,张惠妹推出第二张专辑《BAD BOY》,并且再度蝉联IFPI销售冠军长达九周之久,销售量达到135万张,创造了台湾女歌手最高的销售纪录。张惠妹以无法阻挡之势来到了亿万歌迷的眼前。

她曾经在一个栏目中总结自己的成功之道时说:"如果要说我成功,并且总结成功之道的话,我觉得很简单,就是把平凡的事情做好就可以了。"

——摘自《张惠妹成功之路》

我们暂且不论张惠妹把歌唱当成平凡的事情是对还是错,但是从她的话语当中可以得到一个启示:很多人之所以没能获得成功,与他们对工作的态度有着很大的关系。他们没能将那些看似平凡的事情做好,或者没能将那些平凡的事情持续性地做好。

我们都知道,大量的工作都是一些琐碎的、烦杂的、细小事务的重复。这些事做好了,并不一定能见到什么成就;一旦做不好、做坏了,就会使其他工作和其他人的工作受连累,甚至把一件大事给弄垮了,成功也就灰飞烟灭了。

那么,如何才能把平凡的事情做好呢?关键要做到以下三点。

1. 不要看不起小事情

事情虽小,但是它关乎全局,甚至起着关键性的作用,那么它也就变得不小了。航天飞机上的一块隔热板和千千万万的零件比起来,小得不能

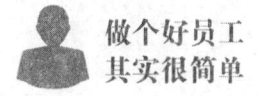

再小了，但是正是因为这件小事没有做好，发生了人类迄今为止航天史上最大的灾难。不管什么事情，哪怕再小、再不起眼，哪怕再不需要什么技巧与能力，也一定要把它做好，不能忽略它，更不能看不起它，随随便便去做最终会让你后悔不已。

2．做好每一件重复之事

很多人为什么做不好重复之事呢？很简单，在这些人的心目中，这些事情已经做过了，再做已经没有意义了。其实不然，你在重复做一件事情，对于你来说或许没有什么改变，但是对于别人、对于工作来说就有很大的影响了。

举个很简单的例子：

一个不断地做着同一种手术的医生，对于医生来说，这些事情完全是在重复，做好做坏似乎对自己没有什么影响。但是对于患者来说就不是这样了，医生能否将手术做得成功，将直接影响到患者的健康，甚至是生命。

不管是对于公司还是个人，最重要的是将重复的、简单的日常工作做精细、做专业，并恒久地坚持下去，做到位、做扎实。

3．做事情要持之以恒、始终如一

为什么很多人连一件简单的事情都做不好呢？其实这些人并不是没有能力做好，而是没有持之以恒、始终如一地做好。比如拿一根绣花针，没有人办不到，但是如果要求你以一个姿势拿着，走上几公里或者保持几个小时，有几个人可以做到？

成功，就是简单的事情重复地做。要成功其实不难，只要重复简单的事情，养成习惯，"一旦你产生了一个简单而坚定的想法，只要你不停地重复它，终会使之变成现实。"这是美国GE前总裁杰克·韦尔奇对如何成功作出的最好回答。

第六章
尽职尽责——高悬责任之心才能迈向卓越

在我们身边,有很多人具备超凡的能力,也有不少的机会,但是他们的业绩却远远地落后于别人,甚至在机会面前却没能获得成功。那么,你是不是想过这是为什么呢?原因很简单:他们没有将工作做彻底,准确地来说,他们看不起日常工作中一些平凡的事情,他们认为,他们应该是掌控整个时间的,而不仅仅是掌控自己。也正因为如此,他们始终没能将工作中一些平凡的事情做好,也始终没有走向成功。

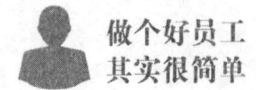
做个好员工
其实很简单

本职工作，尽心尽力

工作中，每个人分工不同，每个人在不同阶段的工作也不相同，所以，我们所设定的目标也是可大可小。虽然目标有大小之分，但是不论大小，我们都应该对它有一个明确的认识，必须清楚地知道自己工作的目的和预期的结果是什么。因为我们只有明确目标之后，才有可能把工作做得更彻底、更完美。英国有句谚语："没有目标的生活，犹如没有舵的船"。也就是说，目标对于人而言，就像目的地对于行驶中的汽车，灯塔对于航行中的巨轮。有了目标，我们才能安全、快速地到达心中的彼岸。而没有目标的人，就好像漂浮在水上的浮萍，随着风儿和水流漂来漂去，就算再努力也没有归处。

所以想要成为一个优秀的员工，我们首先要明确自己的工作目标，才能术业有专攻，朝着自己的目标前进。我们的工作目标，要顺应职业规划的方向，就好像我们盆栽里的小辣椒，我们栽种它的目的是为自己增添些可以观赏的风景，还是希望在做饭时能够增加饭菜的色香味。只有明确了这些，才不会把它用在错误的地方，浪费了自己的精力。

这是一个在美国故事书中经常出现的故事：

有一位母亲和两个女儿，母女三人相依为命，过着简朴而平静的生活。后来，母亲不幸病倒，家里的经济状况开始恶化起来。这时候，大女儿珍妮决定出去找工作，以维持家庭生计。

她听说离家不远的地方有一片森林，里面充满着幸运，她决定去碰碰运气。如人们传说的那样，一切都很幸运。当她在森林中迷失方向、饥寒交迫的时候，抬眼一看，不知不觉之中她已经来到一间小屋的门前。

一跨进门，她吃惊地缩回了脚步，因为她看到了杯盘狼藉、满地灰尘的场面。珍妮是一个喜欢干净的姑娘，等她的手一暖和过来，她就开始整理房子。她洗了盘子，整理了床，擦了地。

过一会儿，门开了，进来12个她从没见过的小矮人。他们对屋里焕然一新的环境表示十分惊讶。珍妮告诉他们，这一切都是她做的。她妈妈病了，她出来找工作，想在这里歇歇脚。小矮人们非常感激。他们告诉她，他们的仙女保姆去度假了，由于仙女保姆不在，房子变得又脏又乱。现在他们需要一个临时保姆。

珍妮高兴极了，她马上表示愿意当他们的临时保姆，于是工作生涯开始了。第二天，她早早地起床，给主人们做早餐、打扫屋子、准备晚餐，手脚勤快，工作又认真。

第三天、第四天也是如此。

到了第五天的时候，她透过厨房的窗子看到了美丽的森林风景。"对了，自从来到这里，我还没有见过白天森林的景色。出去看看吧。"珍妮对自己说道。

一切都是那么新奇。她在外面玩了整整两个小时，回到屋里的时候，太阳已经快落山了。她急急忙忙地跑回去整理床铺、洗盘子、准备晚饭。

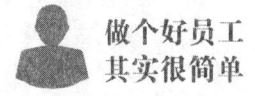
**做个好员工
其实很简单**

还有一件重要的事情——打扫地毯和地毯下面的灰尘。但由于时间太短，她决定不打扫地毯下面的灰尘了。"反正地毯下面没人看得见，有点灰尘也没有关系。"

一切都非常顺利，小矮人们回来后，并没有发现什么。过了一天，珍妮又跑出去玩，她又没有打扫地毯下的灰尘。"我每周清理一次灰尘就可以了。"珍妮对自己说道。

又过了5天，小矮人们也没有说些什么。用过晚餐，他们聚在一起打扑克。其中有一位小矮人丢了一张牌，他们到处寻找都没有找到。这个时候，有一位小矮人开玩笑地说："说不定那张牌钻到地毯下面去了。"

很不幸的是，居然有人相信他的话，他们揭开了地毯，看见了灰尘满地的地板。

结局如你所料，幸运之神不再眷顾珍妮，她丢掉了这份工作，离开森林，开始寻找下一份工作。在深深的懊悔中，她开始明白：就算机会垂青，工作机遇降临身边，也要付出责任心，百分之百地完成自己的工作。

——摘自《对工作负责就是对自己负责》

出色地做好本职工作，幸运之神才会永远眷顾我们，珍妮的故事告诉我们的就是这样的道理。所谓"千里之行，始于足下"，正确看待本职工作，把每一件小事都尽职尽责地完成，才能得到领导的认可与赏识。

第六章
尽职尽责——高悬责任之心才能迈向卓越

承认失败，不找借口

在工作中，每个人都不可能将事情做得完美无缺，难免会因为出现差错或者纰漏而导致失败。在面对失败的时候，失败者往往不是去寻找造成失败的原因，而是给自己找出各种各样的借口，他们认为，承担失败的责任是一件不光彩的事情。

仔细观察那些在事业上获得成功的人，我们不难发现，在他们的身上都存在着一个共同的特点，那就是他们面对自己所做的事情的结果，都愿意承担自己的责任，哪怕是极小的责任。因为他们都知道找借口只会于事无补，不如承担责任找原因，这样就可以避免再犯同样的错误。

要想获得成功，就要学会给"原因"和"借口"分分家，因为即使为自己找到了一个完美的借口让自己逃脱了责任，也不能使结果发生改变。久而久之，一旦养成了遇事就找借口而不是分析造成失败或者错误的原因的习惯，就会让自己离成功越来越远。

香港著名喜剧演员黄子华在成名之前，也曾经在"借口"与"原因"之间徘徊了很长一段时间。

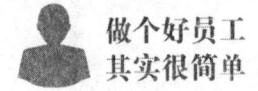
**做个好员工
其实很简单**

黄子华，1960年出生在香港一个普通的家庭。在他很小的时候，父母因为感情不和而离异，后来母亲再嫁，他跟着母亲随继父生活。

因为是重组的家庭，环境比较复杂，黄子华跟继父的关系不是太融洽。

随着年龄的增长，没有享受到家庭温暖的他对人生有种特别的脆弱感，对事物的反应也特别敏感，这使得他对世态炎凉有种更深刻的体验。因为他长时间沉浸在这种悲观的心态中，所以在他的眼中所看到的一切东西都是负面的。

大学毕业回到香港后，黄子华参加了香港无线电视台举办的"全能司仪大赛"，接着进入了演艺圈。但是他在演艺圈的发展并不顺利。他先后做过电视台的制作助理、资料收集员，也在香港各电台做过幕后和DJ，加入香港话剧团演小角色，也曾参与多部电视剧和电影的拍摄。但是，他在里面只是担任一些跑龙套的工作，即便演上了角色，可还是经常被导演骂。

童年经历坎坷，现在事业又连遭不顺，这让黄子华陷入了人生的最低谷。他早已失去了当初进入演艺圈时的那股冲劲，他对自己的未来越来越失望。

就在他即将放弃自己梦想的时候，一次偶然的机会他看到了一篇文章，文章里有一句话让黄子华至今难忘。文章中说："遭遇挫折不要紧，但是千万不要让自己养成找借口的习惯，而是要懂得去寻找失败的原因，这样成功就会离你越来越近。"

黄子华似乎忽然之间就顿悟了：对啊，自己现在事业虽然遭受了挫折，但是以前从没想过为什么会遭受挫折，自己只是一味地将它归咎于命运的不公，但是命运也是掌握在自己手中的啊。

想到这里，黄子华的心豁然开朗，他下定决心要让"借口"和"原因"彻底分家，要想实现自己的演员梦，就要改变以前"不找原因只找借口"的习惯。于是他先对以前的工作做了一个简短的总结，分析了自己在以前的工作中为什么没能成功：首先，自己太急功冒进，总想一步就能登天，演上主角；其次，对于自己的工作没有一个清晰的目标，以前从事的工作杂乱无章，什么都做，什么都不精；再次，对于自身能力认识不清，自己具有一定的喜剧天赋，而以前的角色人物性格跟自己有很大的反差。

找到了事业发展的瓶颈之后，他又重新拾起了对未来的信心。他决定采取以退为进的方式，充分发挥自己的喜剧天分来逐步实现自己的演员梦。但到底采取一种什么样的表演方式呢？在对香港的市场进行调查之后，他决定将国外的"stand-up comedy"引进香港。这是一种与中国的相声极其相似的表演方式，就是一个人站在没有任何布景和摆设的舞台上讲笑话，他给它取名"栋笃笑"。

确定了努力方向后，他改变了以前到处出击的工作方式，潜下心来花了9个月的时间创作了一个剧本。1990年8月30日晚，在文化中心，黄子华开始了生平第一场"栋笃笑"——《娱乐圈血肉史》。整场戏历时一个半小时，因为表演方式新颖，全场就他一个人在台上独白，而且他极尽搞笑之能把每个入场的观众都哄得哭笑难分，这场用以告别的"栋笃笑"终于让人们发现了黄子华的喜剧才华，从此他的"栋笃笑"长盛不衰。后来他凭借《男亲女爱》一炮走红，再以后，他又和蔡少芬合演了《栋笃神探》，成为香港耳熟能详的喜剧演员。

——摘自《黄子华：一个浮华时代的思考者》

通过给"原因"和"借口"分家的经历，黄子华所独创的"栋笃笑"表演方式，不仅实现了自己的梦想，还填补了香港演艺市场上的一个空白。但是，如果当初他在面临失意的时候，只是一味地给自己找借口，而不去寻找原因，那么香港的喜剧明星位置上也许就没有他的一席之地了。

在工作中，我们要把工作做彻底，就要像黄子华一样，学会给"原因"和"借口"分分家，发挥自己最大的潜能，仔细分析造成失败的原因，而不是去浪费时间寻找借口。因为不论是失败了还是做错了，再妙的借口对于工作本身都是没有丝毫用处的。

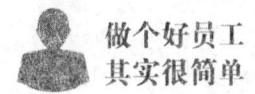

立即行动，获得成功

有一位心理学家多年来一直在探寻成功人士的精神世界，他发现了两种本质的力量：一种是在严格而缜密的逻辑思维引导下艰苦工作；另一种是在突发、热烈的灵感激励下立即行动。在一般的情况下，很多人做不到第一条，因为人的惰性经常干扰自己，不能进行艰苦卓绝的工作，因此要想获得成功，就必须使用第二种方法：立即行动。

那么，为什么立即行动能更快地走向成功呢？因为一旦进入了行动状态后，人们就来不及多想，就等于逼上梁山、背水一战，只有一条路走到黑，这样反而容易成功。也就是说，很多时候，我们之所以失败，是因为我们想得太多、过于犹豫，没有立即行动。

14岁那年，沃尔特·B.皮特开始靠放牛、为底特律的一家干货店送货来谋生。16~18岁期间，他帮助有关部门在底特律的波兰人居住区进行在校生情况调查，从而赚到了足以让自己跨进大学校门的钱。随后，他通过向学生卖小商品、给报纸投稿，以及参与其他一些勤工俭学活动，赚到了足够

第六章
尽职尽责——高悬责任之心才能迈向卓越

的学费,保证自己顺利完成大学学业。他学习了希腊语、拉丁语、法语、德语、希伯来语、阿拉伯语以及哲学和心理学。

他坦言,刚开始有这种想法的时候,他自己都吓了一跳,但是他觉得如果不赶紧行动,自己可能就会被自己说服并且放弃。凭借着这种"马上行动"的精神,皮特金才开创了一番辉煌事业。

——摘自《放松的艺术》

其实,这种良好的习惯不仅仅在他年少的时候帮助了他,在他进入好莱坞影视城发展的时候,也帮助了他。

有一次,沃尔特·B.皮特金在好莱坞时,一位年轻的支持者向他提出了一项大胆的建设性方案,在场的人全被吸引住了,它显然值得考虑,不过他们可以从容考虑,然后讨论,最后再决定如何去做。但是,当其他人正在琢磨这个方案时,皮特金突然把手伸向电报机并立即开始向华尔街拍电报,电文热烈地陈述了这个方案。当然,拍这么长的电报花费不菲,但它传达了皮特金的信念。

出乎意料的是,1000万美元的电影投资立项就因为这个电文而拍板签约。人们在欢呼雀跃的时候也后怕了一下:假如他们拖延行动,这项方案极可能就在他们小心翼翼的漫谈中自动流产——至少会失去它最初的光泽。然而皮特金立刻付诸行动了。很多人羡慕他办事如此简明,然而事实是,他之所以办事简明,就是因为他在长期训练中养成了"马上行动"的习惯。

——摘自《工作就要解决问题》

在职场之上,很多人做事情看起来非常谨慎小心,非要等到"万事俱备"的情况下才会行动。其实我们都知道,"万事俱备"只不过是"永远不可能做到"的代名词,如果我们事事都要求达到这种状态才开始行动,那么毫无疑问,我们根本没有成功的可能。

世间永远没有绝对完美的事。一旦延迟,愚蠢地去满足"万事俱备"

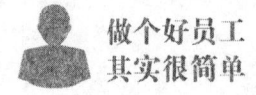

这一先行条件，不但辛苦加倍，还会使灵感失去应有的乐趣。以周密的思考来掩饰自己的不行动，甚至比一时冲动还要让人懊恼。

那么，在日常工作中，我们该如何做才能促使自己立刻行动呢？

1. 尽量减少自己的顾虑

综观我们身边一些失败的人，他们为什么会失败？稍微分析一下我们就会发现，这些人在做事情的时候总是顾虑重重，特别是刚开始做一件事情的时候，更是如此。更可悲的是，一些原本很好的项目就死在了这种"顾虑重重"之中。由此我们可以发现，企盼"万事俱备"后再行动，工作也许永远没有"开始"，最终只有以懊悔面对悬而未决的工作。

2. 马上去做

马上去做（Just Do It!）是现代成功人士的做事理念。很多人之所以能取得今天的成就，不是事先规划出来的，而是在行动中一步一步不断调整和实践出来的。规划很有可能会束缚我们的手脚，让我们变得畏缩不前。要知道，规划的东西是纸上的，与实际总是有距离的，规划可以在执行中修改，但马上去做才有成功的可能。

3. 迅速作出决断

如果我们想在第一时间里完成事情，就必须在很短的时间里作出决断。迅速决断可能会让我们犯错误，但只要及时纠正，事情就会朝着好的方向发展；拖拖拉拉、犹犹豫豫，很可能让我们不会犯错，却会让我们失去很多机会。

因此，如果我们已作了一个真正的决定，就要马上行动。方法是写下开头的几个步骤。哪件事是现在马上可以进行、并且对自己的新决定有帮助的、可以打电话给谁、可以做什么承诺、可以写一封什么样的信、可以做什么与旧习不同的事……将一切可以立即做的事列成一张表，马上就去做！

第七章

注重细节

——把简单的事情做好就是不简单

　　古语说，千里之堤，溃于蚁穴。意思就是说，千里长堤也有可能因为小小的蚁穴而轰然倒塌。可见，蚁穴虽小，危害巨大。有的事情，看起来很小，但却关乎全局，有着巨大的作用。工作中的细节至关重要，因此也马虎不得。

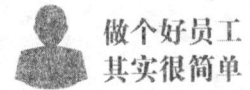
做个好员工
其实很简单

工作无"小"事

平常工作中，能够把工作完全做到位的员工，他们身上有着共同的特性，都能够脚踏实地从小事做起。因为，任何大的方针政策，真正要执行到位，就需要把每一件小事都做好。

事实上，我们每个人所做的工作，都是由一件件小事构成的。士兵每天所做的工作就是队列训练、战术操练、巡逻、擦拭枪械；服务员每天的工作就是对顾客微笑、回答顾客的提问；你每天所做的可能就是接听电话、整理报表、绘制图纸之类的小事。你是否对这些小事感到过厌倦，认为它毫无意义而提不起精神？你是否因此而敷衍应付、心存懈怠？这不能成为你的借口。请记住：这就是你的工作，而工作中无小事。要想把每一件事都执行到位，就必须付出你的热情和努力。

有这么一个传闻，在开学第一天，苏格拉底对他的学生们说："今天咱们只做一件事，每个人尽量把胳臂往前甩，然后再往后甩。"并做了一遍示范。

第七章
注重细节——把简单的事情做好就是不简单

"从今天开始,每天做500下,大家能做到吗?"学生们都笑了,这么简单的事,谁做不到?

一年之后,苏格拉底再问的时候,全班却只有一名学生坚持下来。这个人就是后来的大哲学家柏拉图。

"这么简单的事,谁做不到?"这正是许多人的心态。但是,请看看结果吧。所有的成功者,他们与我们都做着同样简单的小事,唯一的区别就是,他们从不认为自己所做的事是简单的小事,并且能够坚持不懈地永远做了下来。

执行到位,就是要有从小事做起的心态,没有这样的心态和行动,就不是一个合格的员工,就不可能事事执行到位。

那么,我们到底应该以怎样的态度去执行工作,尤其是执行工作中的小事情、小问题呢?

第一,就是要有严肃认真的工作意识。对于现在所从事的工作,有些人在思想上或多或少地总有一些不正确的认识和看法,自觉地把所从事的工作划分为一些所谓的大事或小事、紧要事或非紧要事。对于所谓的大事或紧要事,在思想和行动上给予足够重视,而对一些自认为的所谓的小事和非紧要事,则不太重视或重视不够。由于不能正确看待和处理大与小的关系,最终导致小事情演变成大问题。其实,工作中看似很小的事,如果做不好的话,所产生的负面影响往往是巨大的,而这时的小事也就变成了大事。相反,一些看似所谓的大事,由于我们思想上重视,最终产生了预期的效果,大事也就变成了所谓的小事。

第二,就是要有真抓实干的工作作风。无论任何事情,要想取得预期成效,都离不开真抓实干的工作作风,只有真抓,才能深入、才能具体、才能细致,才能克服困难、破解难题;只有实干,才能增强工作的责任感和紧迫感,克服浮躁情绪,抛弃私心杂念,从文山会海中解脱出来,从送

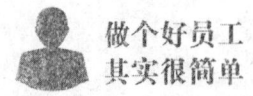

往迎来中摆脱出来,把心思用在干事业上,把精力投入到抓落实中,察实情、讲实话、办实事、求实效。

第三,就是要有坚决执行的工作态度。也就是说,对于上级组织交待下来的事情都要雷厉风行、抓紧实施,部署了的工作,都要执行到位、一抓到底。安排下来的任务,都要督促检查、一丝不苟。要坚决反对那种上有政策、下有对策,当面一套、背后一套的假执行或不执行的做法。

海尔总裁张瑞敏曾经说过:"把一件简单的事情做好就是不简单,把一件平凡的事情做好就是不平凡。"如果我们牢固树立工作无小事的观念,那么我们就能在工作上精益求精,不求"过得去";决策上科学民主,不搞"想当然";行事上注重细节,不当"马大哈",付出全部的热情和努力,把每件事都做到完美,执行到位。

第七章
注重细节——把简单的事情做好就是不简单

细节做好了，结果才会好

结果好不好，要看能不能把细节做好。只有把细节做好，结果才会好。

有三个人一同去了一家公司应聘采购主管。他们当中一人毕业于某知名管理学院，一名毕业于某商学院，而第三名则是一所民办高校的毕业生。在很多人看来，这场应聘的结果是很容易判断的，然而结果却恰巧相反——应聘者经过一番测试后，留下的却是那个民办高校的毕业生。

他们经过一轮轮的测试后，在专业知识与经验上各有千秋，难分胜负。随后招聘公司总经理亲自面试，他提出了这样一道问题，题目为：假如公司派你到某工厂采购4999个信封，你需要从公司带多少钱？

几分钟后，应试者都交了答卷。

第一名应聘者给出的答案是430元。

总经理问："你是怎么计算的？"

"就当采购5000个信封计算，可能要400元，其他杂费就30元吧！"答

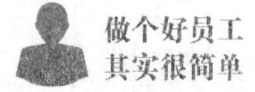
做个好员工
其实很简单

者应对如流。但总经理却不置可否。

第二名应聘者给出的答案是450元。

对此应聘者解释道:"假设5000个信封,大概需要400元左右,再加上其他各项花费,大概不会超过50元,一共有450元就足够了。"总经理对此答案同样也没表态。

当总经理拿起第三个人的答卷,见上面写着419.42元时,不觉有些惊异,立即问道:"你能解释一下你的答案吗?"

"当然可以,"该同学自信地回答,"信封每个8分钱,4999个是399.92元。从公司到某工厂,乘汽车来回票价10元。午餐费5元。从工厂到汽车站有一里半路,请一辆三轮车搬信封,需用3.5元。因此,最后总费用为419.42元。"

总经理不觉露出了会心的一笑,最终录用了第三个人。

——摘自《注重细节追求完美心态的理解》

很显然,这道题是专门用来考察细节意识的。在这个故事中,一个不经意的细节,就决定了面试的结果。真可谓是对"细节决定成败"最贴切的诠释了。从某种程度上而言,企业最需要的员工,就是那些能把每一个细节都考虑到的人。

结果往往是由一个个不可忽视的细节累积而成的。唯有在细微之处下足功夫,我们才能取得预期结果。

密斯·凡·德罗是20世纪全球最伟大的四位建筑师之一,他反复强调的是:"不管你的建筑设计方案怎样恢弘大气,如果在细节方面不能把握到位,就不能称得上是好作品。"

在当今美国,许多比较大的剧院都是出自德罗之手。在设计每个剧院时,德罗都要精确地测算每个座位与音响、舞台之间的距离以及由于距离差异而导致的不同听觉和视觉感受,计算出哪些座位可以获得欣赏歌剧的

第七章
注重细节——把简单的事情做好就是不简单

最佳音响效果,哪些座位最适合欣赏交响乐,不同位置的座位需要做哪些调整才能达到欣赏芭蕾舞的最佳视觉效果。更让人敬佩的是,德罗在设计剧院时要一个座位一个座位地去亲自测试和敲打,根据每个座位的位置测定其合适的摆放方向、大小、倾斜度、螺丝钉的位置等。正是因为德罗本人这种对细节的完美追求,才让他成为当今世界最伟大的建筑师。

——摘自《细节到位,执行才能到位》

以良好的结果为导向,并着力于完善每一个细节,这不仅是赢得他人信任的一大途径,更是我们迈向卓越的最好保证。

一家德国企业在韩国订购了一批价格昂贵的玻璃杯,为此德国公司专门派了一位官员来监督生产。来到韩国以后,德国官员发现这家玻璃厂的技术水平和生产质量都是超一流的,生产的产品几乎完美无缺,德国官员感到非常满意,就没有刻意去挑剔什么,因为韩方对自己的要求比德方还严格。

有一天,德国官员下意识地来到生产车间,发现工人们正从生产线上挑出一部分杯子放在旁边,德国官员上去仔细看了一下,没有发现两种杯子有什么差别,就奇怪地问:"挑出来的杯子是干什么用的?"

"那些杯子都是不合格的次品。"工人边工作边回答。

"但我并没发现它和其他的杯子有什么不同啊!"德方官员很不解。

"你自己看,这里多了一个小气泡,这说明杯子在吹制的过程中进了点儿空气。"工人解释说。

"可那并不影响使用啊!"德方官员说道。

"我们既然工作,就一定要做到最好,任何一点缺点,哪怕是客户看不出来的,对我们来说,也都是不允许的。"工人很自然地回答。

"那么,这些次品通常要卖多少钱呢?"德方官员问。

"大概3元左右吧。"工人说。

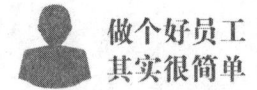
做个好员工
其实很简单

当晚,这位德国官员给总公司写信汇报说:"一个完全合乎我们的检验和使用标准,价值30元的杯子,在这里却被在无人监督的情况下用近乎苛刻的标准挑选出来,只卖3元。这样的员工堪称典范,这样的企业我们完全可以信任。我建议公司马上与该企业签订长期的供销合同,我也没有必要再待在这里了。"

——摘自《细节到位,执行才能到位》

结果好不好,要看能不能把细节做好。只有做好细节,结果才会好,而把每一件看似很小的事做到完美,需要我们付出所有的热情与努力。追求细节的完美体现的是一种专业化的品质,也只有具备了专业化训练与细节精神的人,才能最终铸就工作中的完美结果。

第七章
注重细节——把简单的事情做好就是不简单

注重细节，养成习惯

20世纪世界最伟大的建筑师之一密斯·凡·德罗对自己的成功用了五个字："魔鬼在细节。"他认为不管你的建筑设计方案如何恢弘大气，如果对细节的把握不到位，就不能称之为一件好作品。的确，细节的准确可以成就一件伟大的作品，细节的疏忽则会毁坏一个宏伟的规划。

一个不注重细节，或者不把细节当回事的人，就会缺乏认真工作的态度，对事情只能是敷衍了事。而注重细节的人，不仅能认真对待工作，将小事做细，还会注重在细节中寻找机会，从而使自己走上成功之路。

"无限的爱"日用品和化妆品连锁超市DM在德国遍地皆是。这家企业的老板名叫格茨·维尔纳，现已拥有1370家连锁店、两万名员工，2002年的销售额高达26亿欧元。维尔纳也是同行业中最富有的，2003年年初时他的个人财产已达到9.5亿欧元。

30年前，格茨·维尔纳白手起家创建了DM连锁店。他有自己的一套

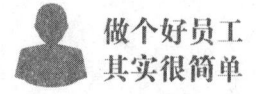

注重细节的经营理念,有时还会因为注重细节做出一些特别"古怪"的事情。

有一次,维尔纳走进一家DM分店时,他要求分店经理拿扫帚来。这家分店的经理把扫帚递给维尔纳,非常疑惑地说:"维尔纳先生,我不明白您要它做什么?"维尔纳指着地下的灯光说:"你看,灯光的亮点聚在地上,什么作用也没有。"于是,维尔纳用扫帚柄拨了一下上面的灯,让灯光照在货架上。

——摘自《成为企业最受欢迎的人》

把灯光照在正确的位置上,维尔纳先生给他的员工做出了表率。这让他的员工很受启发,也让他的员工深刻地体会到了工作中无小事这个道理。

细节是专业,注重细节是工作态度。不管大事小事,忽略了细节都会给工作造成不同程度的影响或损失。因此优秀的员工要具备认真工作的严谨态度,这是做好细节的重要前提。

美国成功学大师戴尔·卡耐基说:"一个不注意小事情的人,永远不会成就大事业。"麦当劳的创始人克洛克说:"我强调细节的重要性。如果你想经营出色,就必须使每项工作都尽善尽美。"人与人之间的差别,往往就在一些细小的事情上,并且正是因为这些细小的事情,决定了不同的人具有不同的命运。

两个同龄的年轻人同时受雇于一家店铺,并且拿同样的薪水。可是一段时间后,叫阿诺德的那个小伙子青云直上,而那个叫布鲁诺的小伙子却仍在原地踏步。布鲁诺很不满意老板的不公正待遇。终于有一天他到老板那儿去发牢骚了。老板一边耐心地听着他的抱怨,一边在心里盘算着怎样

第七章
注重细节——把简单的事情做好就是不简单

向他解释清楚他和阿诺德之间的差别。

"布鲁诺先生",老板开口说话了,"您现在到集市上去一下,看看今天早上有什么卖的。"

布鲁诺从集市上回来向老板汇报说,今早集市上只有一个农夫拉了一车土豆在卖。

"有多少?"老板问。布鲁诺飞快地戴上帽子又跑到集市上,然后回来告诉老板一共40袋土豆。

"价格是多少?"布鲁诺又第三次跑到集市上问来了价格。

"好吧",老板对他说,"现在请您坐到这把椅子上一句话也不要说,看看别人怎么说。"

老板将阿诺德找来,并让他看看集市上有什么可卖的。

阿诺德很快就从集市上回来了,向老板汇报说,到现在为止只有一个农夫在卖土豆,一共40袋,价格是××;土豆质量很不错,他带回来一个让老板看看。这个农夫一个钟头以后还会弄来几箱西红柿,据他看价格非常公道。昨天他们铺子的西红柿卖得很快,库存已经不多了。他想这么便宜的西红柿,老板肯定会要进一些的,所以他把那个农夫也带来了,他现在正在外面等回话呢。

此时,老板转向了布鲁诺,说:"现在您肯定知道为什么阿诺德的薪水比您高了吧?"

——摘自《差别》

同样的小事情,有心人做出大学问,不动脑子的人只会来回跑腿而已,造成如此差距的重要原因就是细节。

细节的成功看似偶然,实则孕育着成功的必然性。细节不是孤立存在的，就像浪花显示了大海的美丽，但必须依托于大海才能存在一样。

有一个相貌平平的女孩，在一所极普通的中专学校读书，成绩也很一般。她得知妈妈患了不治之症后，想减轻一点家里的负担，希望利用暑假的时间挣一点钱。她到一家外企去应聘，韩国经理看了她的履历，没有表情地拒绝了。女孩收回自己的材料，用手掌撑了一下椅子站起来，觉得手被扎了一下，看了看手掌，上面沁出了一颗红红的小血珠，原来椅子上有一只钉子露出了头。她见桌子上有一条石镇纸，于是拿来用它将钉子敲平，然后转身离去。几分钟后，韩国经理派人将她追了回来，聘用了她。

在一件很细小的，与自己无关的事情上也能体现出对别人体贴和关心，这个往往是一个人成功的因素。成功的机会隐藏在细节之中。虽然，做好了这些细节，未必能够遇到如此好的机会；但如果不做，就永远不会有这样的机会。

在工作中，人们总是会忽略一些小事情，正是因为忽略了这些小事情，往往却铸成了大难题，会给人们带来大麻烦。一些聪明人善于从"小事情"做起，注重细节，从而使局部得到很大的、有时是彻底的改观。

日本尼西奇股份公司是与松下电器、丰田汽车一样闻名世界的日本企业。它是靠着做尿垫、尿布发展起来的，并获得了世界"尿布大王"的称誉。

尼西奇股份公司在20世纪40年代末期，仅仅是一个生产雨衣、防雨斗篷、游泳帽、卫生带、尿布等橡胶制品的综合性小企业，只有30多个人，由于订货不足，经营不稳，随时都有破产的危险。一次，公司从日本政府发表的人口普查资料中得到启发：日本每年大约有250万个婴儿出生。公司由

第七章
注重细节——把简单的事情做好就是不简单

此想到，婴儿出生，尿布是不可缺少的，如果每个婴儿用两条尿布，全国一年就需要500万条尿布，这是一个多么广阔的市场啊！像尿布这样的小商品，大企业根本不屑一顾，而小企业的人力、物力和技术尽管有限，如果能独辟蹊径，必定会有所作为。

基于这样的考虑，尼西奇公司当即作出决策：专门生产小孩尿垫。

为了增强尼西奇尿垫的竞争实力，尼西奇公司不断地创新，对产品精益求精，以扩大销售市场。尼西奇尿垫经历了三代。第一代产品与前几年中国市场上供应的婴儿尿布差不多，用一层布料做成，适应性差；第二代产品在外观上做了一些改进，除了一层布料的尿布外，还将外面一层做成一条小短裤，有松紧带，有尺寸，还可以从颜色上分辨男女；第三代产品把尿布改为三层，最里层是棉、毛、尼龙的混合织物，外层是一条漂亮的小短裤，从而解决了吸水、透气问题。

如今，这种尿布已经发展到近百个品种。为了改进产品，公司十分注重博采众家之长。1979年，尼西奇公司的一位前总经理随团访华，每到一处，不是先去游览名胜古迹和选购古董艺术品，而是四处寻找尿垫。在短暂的旅行期间，他竟然收集到了十几种中国尿垫。其中上海有一种利用边角料拼接起来的尿垫，他们发现后立即仿效，在设计时利用边角料，既增加了美感，又节省了原料、降低了成本，深受消费者的欢迎。

为了提高产品质量，尼西奇公司组成一个20多名专职人员的开发中心，利用各种先进技术对尿垫进行数据测试，从中选择出最佳材料和设计。以往的尿垫都是用普通缝纫机缝制的，考虑到婴儿皮肤太娇嫩，现在一律改用超声波缝纫机加工，使接合处平平整整，深得年轻妈妈的欢心。

——摘自《注重细节，能产生很好的效益》

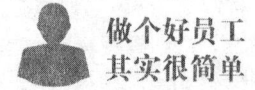

　　这种小产品做出大生意的例子比比皆是，关键是我们很多人没有意识到这一点，更没有有意识地去利用这一点。

　　因此，每个人都要用搞艺术的态度来开展工作，要把自己所做的工作看成一件艺术品，对自己的工作精雕细刻才行。只有这样，你的工作才是一件优秀的艺术品，也才能经得起人们细心地观赏和品味。细节体现艺术，也只有细节的表现力才最强。

第七章
注重细节——把简单的事情做好就是不简单

细心倾听，切勿马马虎虎

上帝赋予人一张嘴巴，两只耳朵，就是让人少说话多倾听。大量事实证明，职场上失败的原因，很多时候不在于我们说错了什么，或是应该说什么，而是因为我们听的太少，或者不注意倾听所致。比如，别人的话还没有说完，我们就抢口强说，讲出些不得要领不着边际的话；别人的话还没有听清，我们就迫不及待地发表自己的见解和意见；对方兴致勃勃地与你说话，我们却心荡魂游目光斜视，手上还在不断拨弄这个那个。有谁愿意与这样的人在一起交谈？有谁喜欢和这样的人做朋友？一位心理学家曾说："以理解的心情倾听别人的谈话是维系人际关系，保持友谊最有效的方法。"

可见，说话是一门艺术，倾听更是艺术中的艺术。我们不必抱怨自己不善言辞，只要我们认真倾听，就会赢得尊重。

"听"表达的含义比"说"更丰富、更文明、更高雅、更具魅力！那么，怎样"听"才是"会听""善听"呢？

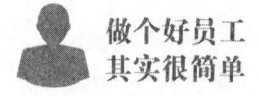

成功的倾听必须做到以下几条：

1. 要有正确的"听"的态度

专心地听对方谈话，态度谦虚，始终用目光注视对方。不要做无关动作：看表、修指甲、打哈欠……人人都希望自己讲话能引起别人的注意，否则，他讲话还有什么兴趣，还有什么作用呢？

2. 做一个积极的"听话者"

要善于通过体态语言或其他方式给予必要的反馈，例如赞成对方说话时，可以轻轻地点一下你的头；对他所说的话感兴趣时，展露一下你的笑容；用"嗯""噢"等表示自己确实在听和鼓励对方说下去等。

3. 不要中途打断对方，让他把话说完

讲话者最讨厌的就是别人打断他的讲话。因为这样，在打断他的思路的同时又让他感觉到你不尊重他。事实上，我们常常听到讲话者这样的不平："你让我把话说完，好不好？"

4. 适时引入新话题

人们喜欢从头到尾安静地听他说话，而且更喜欢被引出新的话题，以便能借机展示自己的价值。你可以试着在别人说话时，适时地加一句："你能不能再谈谈对某个问题的意见呢？"

5. 要巧妙地表达你的意见

不要表示出或坚持明显与对方不合的意见，因为对方希望的是听的人"听"他说话，或希望听的人能设身处地地为他着想，而不是给他提意见。你可以配合对方的证据，提出你自己的意见，比如对方说完话时，你可以重复他说话的某个部分，或某个观点，这不仅证明你在注意他所讲的话，还可以用下列的答话陈述你的意见，如我认为、我完全赞成你的看法。

6. 要听出言外之意

一个聪明的倾听者，不能仅仅满足了表层的听知理解，而且要从说

第七章
注重细节——把简单的事情做好就是不简单

话者的言语中听出话中之话，从其语情语势、身体的动作中读出隐含的信息，把握说话者的真实意图。只有这样，才能做到真正的交流、沟通。

认真按照这些要求培养倾听习惯吧，你一定会成为老板认可的人。

某公司的女经理，精明能干，手下一班干将自然是精明能干、智勇双全。可是不久前，她的一名助手调离到别处，接任的是一名刚刚毕业的女大学生。这位新来的女大学生，做事马马虎虎、随随便便，一些资料总是不加整理便递交上去，办公桌上的文件乱七八糟的，为此女经理批评了她许多次。她仍我行我素，一切如故，最后被炒了鱿鱼。

这些人也许在学生时代就养成了马马虎虎、懒懒散散的坏习惯。随着学业的结束，他们又把这些恶习带入社会，如果不纠正的话，工作起来势必一塌糊涂。

胡建是一所名牌大学的高材生，一进公司就被公司列为重点培养对象。他的同事都认为，胡建是年轻员工中最有可能得到晋升的一个。

一次，主管给胡建安排任务，让他画一份统计图表。这项工作一般是由另一个同事做的，那人这次刚好请假了。胡建认为，这样无关紧要的工作，怎么也轮不到让他去做，便满不在乎地说："我以为是什么技术难题呢！等我忙完手头上的活再干吧。"于是他勉强地接受了任务，但是没有立即着手去完成。后来主管催了一次，他才把图表草草完成。

胡建对工作的态度，主管全都记在心里了。

年底，公司人事调整，原本被看好的胡建并没有获得晋升。胡建感到很委屈，同事也觉得这样评价胡建是不公正的。但没办法，胡建的漫不经心被上司看在眼里、记在了心里。

心不在焉、马马虎虎在职场是让人讨厌的，许多人就是因为此种原因导致失业。这种人若去建造房屋，凭着他那半生不熟的技术，恐怕在砖块和木料拼凑成的建筑尚未售出之前，这些建筑就已经在暴风雨中坍塌掉

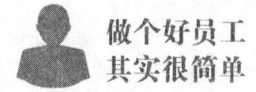

了；若让他们去当医生，他们可能只会草菅人命，视生命如儿戏。

　　工作的疏忽随时都在发生。由于疏忽、敷衍、偷懒、轻率而造成的可怕惨剧，在人类历史上无时无刻不在发生。只要这种员工还存在一天，这些惨剧就无法避免。尽管从表面看来，这些人也时常会装出一副很敬业的样子，但结果总无法令人满意，懒懒散散、漠不关心、马马虎虎的做事态度似乎已经变成了常态。

　　老板对员工是否偷懒、是否贻误事情明察秋毫，任何磨洋工的员工都逃不出他的视线。每个人都应该牢记：事情不分大小，都应当使出全部精力做到尽善尽美，否则还不如不做。

第七章
注重细节——把简单的事情做好就是不简单

关注小错误，尽善尽美

如果仔细观察就会发现，成功者从来不会因为错误小就放过错误，不管是明显的大错误还是不起眼的小错误，他们都会认真仔细对待。关注小错误是每一个成功者必备的素质。

史蒂芬是位美国小伙子，他在一家裁缝店学成出师后便来到得克萨斯州开了一家自己的裁缝店。由于他做活认真，并且价格便宜，很快就声名远扬，许多人慕名而来找他做衣服。

有一天，风姿绰约的哈里斯太太让史蒂芬为她做一套晚礼服，然而等史蒂芬做完的时候，却发现袖子比哈里斯太太要求的长了半寸。但哈里斯太太马上就要来取这套晚礼服了，史蒂芬已经来不及修改衣服了。

哈里斯太太来到史蒂芬的店中，穿上了晚礼服在镜子前照来照去，同时不住地称赞史蒂芬的手艺，于是她按说好的价格付钱给史蒂芬，没想到史蒂芬竟坚决拒绝收钱。哈里斯太太非常纳闷，史蒂芬解释说："太太，我不能收您的钱，因为我把晚礼服的袖子做长了半寸，为此我很抱歉。如果您能再给我一点时间，我非常愿意把它修改到您需要的尺寸。"

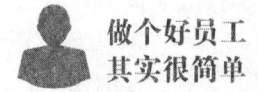
做个好员工
其实很简单

听了史蒂芬的话后,哈里斯太太一再表示她对晚礼服很满意,她不介意袖子长那半寸。但不管哈里斯太太怎么说,史蒂芬无论如何也不肯收她的钱,最后哈里斯太太只好让步。

在去参加晚会的路上,哈里斯太太对丈夫说:"史蒂芬以后一定会出名的,他勇于承认错误以及一丝不苟的职业精神让我震惊。"

哈里斯太太的话应验了。后来,史蒂芬果然成了一位世界闻名的服装设计大师。

——摘自《对结果负责,对自己负责》

在工作中,有很多人常常好高骛远,不愿意踏踏实实地工作,特别是工作中出现一些小问题,发现了一些小错误从不愿深究,听之任之。他们的观点是:假如我所犯的错误性质十分严重,该由我承担责任的,我一定会承认,也愿意承担所有的责任;但如果是芝麻大的一点小错,再去那么认真计较,难免有点小题大做,根本没有这个必要。如果你要是这样看待错误,那就大错特错了。

任何一个小小的错误都有可能引起严重的后果,造成不可挽回的损失。承认错误,重视细节,就应从小错开始抓起。假如我们总是无视小错,而不去关注它、改正它,那么,失败和低水平的表现就会变成理所当然的事。

2004年2月15日,吉林市中百商厦发生了特大火灾,造成54人死亡、70人受伤,直接经济损失达400余万元。然而,谁也没想到,这起严重事故的直接原因,竟然是由一个烟头引起的:一位员工到仓库卸货时,不慎将吸剩下的烟头掉落在地上。他随意踩了两脚,在并未确认烟头是否被踩灭的情况下,匆匆地离开了仓库。当日11时左右,烟头将仓库内的物品引燃,造成了这起火灾。

——摘自《差之毫厘,谬以千里》

第七章
注重细节——把简单的事情做好就是不简单

表面上看，这是一场由小小的烟头引发的人间惨剧，但仔细想来，夺去那54条人命的不是现实中忽明忽暗的烟头，而是工作人员的一个"小错"。很多时候，往往是一些看起来毫不起眼、多数人都不会放在心上的小疏忽，最终铸成了大错。

大错是错，小错也是错。如果觉得小错无关紧要，不去防范并及时地加以改正，等小错变成大错时，那就已经悔之晚矣。有小错的时候，我们应该早发现、早承认、早改正，只有这样，我们才能在成功的路上稳步前进。

尽善尽美是人人所追求的，但做到却不是那么容易，需要我们尽职尽责。有责任感的员工，总会想方设法把事情做到尽善尽美。

一位原本业绩平平的推销员在向老前辈请教经验时，老前辈说了这样一句话："只有尽职尽责，才能尽善尽美。"最初，他有些怀疑，后来，为了验证这句话，他开始认真地反省自己原来的工作方法与态度，最后总结发现，自己以前错过了很多能够与顾客成交的机会。工作中确实没有做到尽职尽责，在开展工作前没有做好充足的准备，心不在焉，缺乏必胜的信心。于是他给自己制订了一套非常严格的工作计划，并立刻着手开始实施。数月后，他重新回顾自己最近一段时间的工作，发现自己的工作业绩翻了好几倍。他在几年后拥有了属于自己的公司，开始在更为广阔的舞台上大显身手。

职场中就是如此，有的员工原本能力非常突出，却由于缺乏尽职尽责的工作精神，常常出现疏漏，最后只能流于平庸；而有的人，最初在工作中虽表现一般，但他们对自己有非常清楚的认识，对工作有着强烈的责任感，并且会全心全意地投入到工作之中，尽一切可能将自己的工作做得更为完美，从而取得更好的成绩。

林宇刚进入一家公司任职时，他认为自己的专业能力相当强，因此对

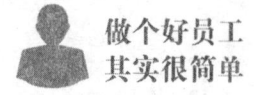
做个好员工
其实很简单

待工作常常有些随意。一天,他接到一项任务——为一家非常有名的企业做一个广告宣传方案。

自认为才华横溢的林宇只花费了一天的时间就做完了这个方案,交给了上司。他的上司看后感觉不满意,让他重新做。这次,他又花费了两天的时间重新做好一份交了上去。上司看后,尽管认为不是太完美,但是还可以用,就将它呈报给了总经理。

林宇在第二天被叫到了总经理办公室。总经理问他:"这是你能做的最好的方案吗?"林宇听了一怔,没敢做出回答。总经理轻轻地把方案推给了他。他没有说什么,拿起自己做的方案回到了办公室。

林宇调整了一下情绪,又重新修改了一番,交到了总经理那儿。总经理依然还是那句话:"这是你能做的最好的方案吗?"林宇心中忐忑不安,还是不敢给总经理一个肯定的回答。于是,总经理依然让他拿回去认真斟酌,仔细思考后再重新修改。

林宇这一次回到办公室后,没有急于修改,而是冥思苦想了整整一个星期,才将其彻底修改完交了上去。总经理盯着他的眼睛,仍旧问:"这是你能做得最好的方案吗?"林宇满怀信心地回答说:"是的,这个方案我认为是最好的。"总经理说:"好!我现在批准通过这个方案。"

经过这次的工作经历后,林宇懂得了一个道理:唯有尽职尽责地工作,唯有对工作负责,才能将工作做得尽善尽美。此后,他在工作中时刻提醒自己:要有责任感,要全心全意地对待工作。这也使他在之后的工作中,改掉了以前散漫的习惯,认真对待工作,成为公司不可多得的人才。

也许,我们感觉自己在工作中已经做得非常好了,但我们是否真的已经竭尽全力把每件事情完成得尽善尽美了呢?每个人的潜能都是巨大的、难以估量的,如果能以尽职尽责的态度工作的话,就可以最大限度地发挥出自己的潜能,将事情做得尽善尽美。

第八章

高效执行
——想到，说到，更要做到

一个人的能力、精力有限，毕竟大家都不是超人，也不可能一夜之间解决所有难题，做完所有事情。当一大堆工作同时压到我们身上时，暂且把那些杂七杂八的小事搁下，集中精力处理棘手的事情，做好一件事，远比事事都尝试最终却一事无成要强得多。

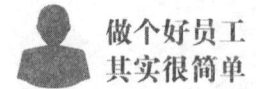

做个好员工
其实很简单

让公司赢利的员工才是好员工

在职场中,有多数员工认为唯命是从、毕恭毕敬就能讨得老板的欢心,有些能力平庸的员工则以曲意逢迎来换取老板的赏识。其实,听话未必是好事,因为在市场竞争如此激烈的今天,老板首先要考虑的是企业的生存与发展。因此,老板心中最高分数的员工,一定是那些最能出绩效的员工。

作为企业的员工,为公司获取利润就属于不可推卸的责任与使命。作为一名员工要努力工作,处处为企业考虑,当企业得到最大利益的时候,也就是员工得到最大利益的时候。

虽然已经工作了好几年,能力提高了不少,可是,从事销售行业对于陈昱来说还是第一次。几天前,陈昱刚刚从技术部调到销售部,对这里的一切程序都还不太熟悉,但他还是对未来满怀信心,坚信只要自己能做出业绩,一切就都不会错。

陈昱所在的是一家服装公司,在他调来不久后,下面的一个生产车间

第八章
高效执行——想到，说到，更要做到

就出了大问题。有一批男装针织外衣因为没做好缩水测试，出现了成衣制成品普遍缩小的情况，无法发货。制成品一旦作废，这可是一笔很大的损失，公司急忙召集相关人员连夜讨论处理办法。

在讨论会上，众人七嘴八舌，纷纷出主意，可是全都是以次充好或者干脆当做次品卖掉的馊主意，没有一个让老板合意的。就在众人一筹莫展之际，陈昱站了起来，他主张把所有缩水成衣重新加工，根据实际尺寸制成相对比例的童衣，这样既可以减少公司的经济损失，也可以避免损坏公司的名誉。这个建议很快得到了老板的认同，并立刻拍板决定由技术部负责设计，陈昱负责监督和联系销售。

不久，童衣完成了，但是陈昱检查的时候，发现有很多并不合格，还存在很大的质量问题。于是他不顾其他人的反对，坚决要求返工，并为此得罪了一些人。老板在得知这件事后，找到他谈话，拍着肩膀告诉陈昱："你做的是对的，公司的名誉和牌子最重要，如果再有什么问题，让他们直接来找我。"

在老板的支持下，陈昱的返工要求得到了顺利执行，制成后的童衣也迅速找到了销售商，并且销量出奇地好。在这次事件之后，公司又建起了童衣制作车间，进一步扩大了生产规模。陈昱也因为这次的出色表现得到老板的嘉奖，并在一年之后，荣升部门销售主管。

——摘自《做一个以一当十的好员工》

通过上面的这件事我们可以明白一个道理：只要你做的事是为企业的生存发展着想，就能得到信任、认同、提拔。

现在很多企业每到年终就会进行以业绩为主的员工排位，排在前列的员工不用说一定会风风光光，而排在后面的不但脸面无光，还随时会有被老板解雇的可能。这当然怪不得老板，面对严峻的生存形势，老板只能如此。

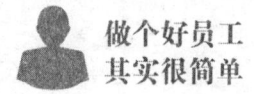
做个好员工
其实很简单

对于任何一家公司来说，都奉行这样一个原则，那就是利润至上。利润至上是每个公司的原始推动力，至今仍然是，虽然这一原则并不被某些人所认同，可这的确是公司存在、发展乃至服务社会的根本。因此，老板们都希望员工头脑中有一个简单却至关重要的概念，那就是每一个公司的成员都有责任尽力帮助公司发展。一旦员工的头脑中输入这个概念，并习惯基于这个概念行事，一定会见到效果。

在一家大公司里，有一天老板让秘书公告全公司，所有的纸都要两面用完才能扔掉。表面看来老板极其吝啬，一张纸上都要做文章，其实不然。老板是这样解释的："让员工和秘书知道这样做可以使公司减少支出，相对地增加利润，极其重要。"有了替公司赚钱的责任感，自然会付诸行动。只要积极行动，就会有好结果。

一个公司，不要以为只有生产人员和营销人员才能争取客户、增加产出为公司赢利，其实公司内所有的员工和部门都需要积极行动起来，为公司赢利。一个公司要有盈余，开源和节流非常重要。否则浪费会使公司到手的利润大打折扣。

如果你十分明确自己对公司盈亏有义不容辞的责任，就会很自然地留意到如何能帮公司开源节流，只要积极行动就会有收获。如果你想在竞争激烈的职场中有所发展，成为老板器重的人物，就必须牢记，为公司赢利才是最重要的。

第八章
高效执行——想到，说到，更要做到

勤奋惜时，创造更多的价值

时间是公平的，可为什么有的人收获颇丰，而有的人两手空空呢？这其中的原因是对待时间的态度不同。怎样利用时间，时间就有怎样的回报。

把握住了时间，或许能将自己的人生推到前所未有的高度，或许能助自己工作更上一个台阶。

美国前国务卿赖斯的奋斗史颇有传奇色彩。短短20余年，她从一个备受歧视的黑人女孩成为著名外交官，奇迹般地完成了从丑小鸭到白天鹅的转变。有人问起她成功秘诀的时候，她简明扼要地说，因为我付出了超出常人八倍的辛劳！

赖斯小时候，美国的种族歧视还很严重。特别是在她生活的城市——伯明翰，黑人的地位非常低，处处受到白人的歧视和欺压。

赖斯10岁那年，全家人来到首都纽约观光游览。就因为是黑色皮肤，他们全家被挡在了白宫门外，不能像其他人那样走进去参观！小赖斯倍感羞辱，咬紧牙关注视着白宫，然后转身一字一句地告诉爸爸："总有一天，

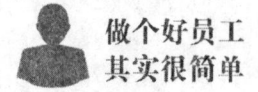
**做个好员工
其实很简单**

我会成为那里的主人！"

赖斯父母十分赞赏女儿的志向，经常告诫她："要想改善咱们黑人的状况，最好的办法就是取得非凡的成就。如果你拿出双倍的劲头往前冲，或许能获得白人的一半地位；如果你愿意付出四倍的辛劳，就可以跟白人并驾齐驱；如果你能够付出八倍的辛劳，就一定能赶到白人的前头！"

为了实现"赶在白人的前头"这一目标，赖斯数十年如一日，以超出他人八倍的辛劳发奋学习、积累知识、增长才干。普通美国白人只会讲英语，她则除英语外还精通俄语、法语和西班牙语；白人大多只是在一般大学学习，她则考进了美国名校丹佛大学并获得博士学位；普通美国白人26岁可能研究生还没读完，她已经是斯坦福大学最年轻的女教授，随后还出任了这所大学最年轻的教务长。普通美国白人大多不会弹钢琴，可她不仅精于此道，还曾获得美国青少年钢琴大赛第一名。此外，赖斯还用心学习了网球、花样滑冰、芭蕾舞、礼仪训练等，并获得过美国青少年钢琴大赛第一名。凡是白人能做的，她都要尽力去做；白人做不到的，她也要努力做到。最重要的是，普通美国白人可能只知道遥远的俄罗斯是一个寒冷的国家，她却是美国国内数一数二的俄罗斯武器控制问题的权威。天道酬勤，"八倍的辛劳"带来了"八倍的成就"，她终于脱颖而出，一飞冲天。

——摘自《八倍的辛劳》

在职场上，我们都渴望建功立业，也希望参与公平竞争。但事实上，世界上真正的公平竞争很少，总有这样那样的非公平因素在其中作梗捣乱。那么，要想在竞争中获胜，又不搞邪门歪道，那就只有"笨鸟先飞"、锲而不舍，靠比别人花费更多的时间和精力，像赖斯那样，付出别人"八倍的辛劳"，以无可争议的优势来取胜。有耕耘就有收获，一个急切渴望成功却又总与成功无缘的人，无需怨天尤人，不妨先问问自己：你是否付出了"八倍的辛劳"。

第八章
高效执行——想到，说到，更要做到

人一旦懒怠，最容易忽略的就是时间的流逝。时间原本就像手心里的沙，握得再紧，也会无声无息地从指缝间溜走。

懒怠，也许不是让我们有更多的时间享受生命，而是缩短我们原本就很短暂的生命。千万不要因为偷得光阴而沾沾自喜，那会让我们失去的更多。

有一段时间，老农夫一直用牛和骡子一起耕作，耕作相当辛苦。年轻的小牛坚持不住了，便对骡子说："今天我们装病吧，好好休息休息。"老骡却答道："不行呀，我们得把工作做完，因为耕种的季节很短呀。错过了，这一季就没有收成了。"

虽然觉得骡子说得有道理，但小牛在心里暗想，休息一天又能怎样呢？所以它还是独自装病了。农夫给它弄来新鲜的干草和谷物，尽量让它舒服些。等老骡耕种了一天，疲惫而归，小牛赶紧向它询问地里的情况如何。

"没有以前耕种得多，"老骡回答道，"但我们也耕种了相当长一段距离。"

小牛又问道："老家伙说我什么没有？"

"没有。"老骡回答。

小牛长舒了一口气。

第二天，小牛还想偷懒，就继续躺在牛棚里装病。农夫看了看小牛，又给它抱来了新鲜的干草和谷物，还增加了一些粮食。小牛有些喜滋滋的。

当老骡从田间回来时，小牛问道："今天怎么样？""还不错，我认为。"老骡答道，"但耕种得还不是太多。"

小牛又问道："老家伙说我什么了？"

"啥也没有对我说，"老骡说，"但是，他停下来和屠夫说了好长时间的话。"

——摘自《小牛和老骡》

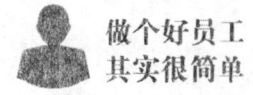
做个好员工
其实很简单

小牛的偷懒换来了短短两天的享受,但等待它的不是永远的享受,而是生命的结束。这个故事并非危言耸听,它从另一个角度提醒我们:时间是有限的,并且生杀予夺的大权并不掌握在我们手里,而是在另一只看不见的自然之手中。

也许我们不会因为吃苦耐劳而获得更长的生命,但到了收获的季节,我们却可以心安理得地享受更多的甘甜果实,前提是我们不再懒惰,把握好我们当前的时间。

有一家跨国公司的车间很大,但车间的会议室都很小。会议室在车间的里面,是一个很小的房间,里面既没桌子也没凳子。

当有人申请用这个会议室的时候,人马上到了。一共七八个人,围了一个圈,除了会议主持人,其他人的手都背在后面。会议主持人问原材料主管有什么问题,原材料主管马上把手放在前面说:"原材料中有一项需要添加,昨天已经申请,现在还没有落实。"说完又把手背到了身后。会议主持人听的时候把手背起来,回答别人问话的时候又把手放到了前面。接着会议主持人以同样的方式又问了技术主管、质量检测员遇到的问题并予以回答。不到15分钟,他们就把会开完了。

——摘自《如何做好时间管理》

有句话说:"时间就像海绵里的水,只要愿意挤,总还是有的。"如果不能有效地利用时间,就会有大把的时间在不知不觉间从指缝里溜走,我们也会成为时间的奴隶,根本无法创造更多的价值。

生命有限,时间无限,在有限的生命里懂得把握时间的人,就拥有了做更多事情的本钱,就拥有了更多成功的机会。把握时间,对人生而言是一笔财富,对事业而言是一种催化,对个人而言就是一切。

第八章
高效执行——想到，说到，更要做到

有效地运用时间，克服不必要的浪费

人和人之间的差别不是我们拥有多少时间，而是如何利用时间，大多数杰出人物的成就就是在别人浪费掉的时间里取得的。要取得人生的成功，我们手中可利用的时间虽然有限，但是时间不是不够用，而是我们不知道如何有效运用。

要想充分利用时间，以确保不浪费时间，最重要的就是把握现在。那么，如何把握现在呢？

1. 分析——检查以往利用时间的习惯

想要知道时间是如何用掉的最好方法，就是从用心观察自己的日常作息开始。准备一本记事本，详细记录一周的活动。每一天（包括周末）都按时划分。每完成一件工作，就在记事本上写下完成事项和所花费的时间。然后，留意自己对时间运用状况的感受：是运用得当，还是浪费了？精神是高昂，还是颓废？谁剥夺了自己的时间，或提高了自己对时间运用的效率？

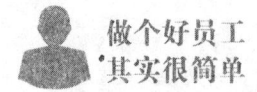

　　一周之后，摘要记录各项活动所花的时间：打电话、写信、开会、和朋友聚会、运动、休闲，和家人相处等活动的时间各占多少。接下来，检查自己体能周期状况：是上午体力比较好，还是下午？如果有规律可循，可考虑在体力最好的时候，做最重要的工作。

　　想一想，我们精神最好的时候，是和别人在一起，还是独处？也许喜欢一个人独自工作；又或许不喜欢孤独的滋味，所以花在电话上聊天的时间过多。有没有什么日常琐事可以一并处理，或切割成数个部分做更有效率的处理？这两者都可有效节省我们的时间。有哪些事根本就不需要浪费时间来做，可不可能避免重蹈覆辙？有哪些事可以做得再快点，更有效率点？我们通常花多少时间在重要与不重要的工作上呢？

　　要思考如何把时间运用得当和运用不妥当的活动区隔开来。想想，该如何改变行为模式，提高效率呢？

　　2. 计划——列出工作的优先顺序

　　如同任何一种管理，时间管理也一定要妥善计划才能发挥效用。计划之初，先从下列几个观点来检视：必要性、重要性、选择性。依据这些原则，就可列出工作的优先顺序。

　　现在，多花点时间在必要的工作上，而少用些时间在选择性工作上。等我们完成必要与重要的工作后，再来做选择性的工作。

　　3. 行动——与拖拉习气做斗争

　　依据计划所列的优先顺序迅速、果断、有效率地采取行动，可以把因为迟疑、拖延所带来的压力一扫而空。要主动控制时间，少做浪费时间的事，多做能节省时间的活动。

　　有些人生活了多年还没弄清时间的价值。其实，我们每个人的时间都是有限的，而且再也不会增加了。然而，我们却可以掌握对时间的需求，并更有效地利用我们能够自由支配的时间。

第八章
高效执行——想到，说到，更要做到

谁掌管着我们能自由支配的时间？通常来说，我们的时间是根本不自由的。因为我们把自己紧紧束缚在别人的议事日程上，盲目地追随着繁杂的事务，不管它对我们是不是有益处。

为了避免这种现象，我们必须管理好自己的生活——也就是管理好自己的时间。我们要向那些浪费时间的坏习惯挑战。下面就是一些常见的不良习惯。

1. 喜欢盲目购物

很多人买东西上了瘾。有时候刚买完一批东西，又奔向商店去抢购另一批东西。应该问问自己：这样买下去，什么时候才是个头？买来的东西还要弄净、收藏、保养、送人等。结果，不仅花了钱还搭进去很多时间。

当然，过日子总免不了要买东西——墙上挂的画、小道旁摆的花草……但是把购物所得到的快乐和所付出的代价相比较，是不是有点得不偿失呢？要知道，并不是我们所拥有的东西就能使我们快乐，而是只有我们喜欢的东西才能给我们带来欢乐。

2. 时常优柔寡断

悬而未决的问题缠身往往会影响工作，使我们在能自由支配的宝贵时间里变得心不在焉。关键不在于我们是否有问题要解决，而在于它们是不是我们一个月或一年前就已经有的老问题。如果是长期以来一直没解决的问题，那么，它们消耗了我们多少时间和精力啊！我们至少应该解决一些这类老大难的问题，使自己舒舒服服地生活下去。

当拿不定主意时，其实完全可以缩小选择面，迅速做出决定。果断干脆至少可以在生活的某一方面使我们受益匪浅。

3. 不敢打断别人的话头

过分地谦恭有礼也会消耗我们的时间。我们一定经历过这样的时刻：谈话的对方明知道我们马上就要去赴约，而且就要迟到了，还是没完没

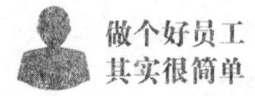

了,一刻不停地讲着。我们应该学会客气地打断对方的话头:"对不起,我实在不得不告辞了。"这虽然使对方扫兴,但比起心烦意乱、如坐针毡地继续听下去要好得多。

4. 无节制地看电视

一项调查表明,在美国,普遍家庭平均每天看电视的时间在7小时以上。虽然看电视是一种人们开心解闷的消遣,但是太耗费我们的时间了。为了避免那些毫无意义的节目,最好的办法是事先看看节目表,挑选那些感兴趣的节目,把省下来的时间更有效地加以利用。

5. 做事没有计划

攻读一个学位要多长时间?完成一项工作要多少时间?我们能照料多大面积的菜园?我们有多少个晚上能用来参加社会活动?我们还想做更多的事吗?精心地制订计划,是减轻负担、节省时间的关键。

6. 东西摆放杂乱无章

不论我们住的是阔气的10个房间的别墅,还是简陋的单间公寓,如果东西摆放杂乱无章,我们在找东西上就浪费了很多时间。"物有其位"确实是一个流传至今的有益的格言。

杂乱无章就意味着浪费时间。我们应该把东西摆放得井井有条,把生活安排得井然有序。

7. 不注意维修和保养

一个电视广告曾建议人们,及时更换汽油过滤器,这样就可以不必更换汽车发动机了。虽然这要花费点时间和金钱,但不这样做,就意味着将来还要花更多的时间和金钱。

所以,对生活中的一切都要精心保养。水龙头漏了就快点找人修,免得到最后还得挖沟刨墙;好好保护牙齿,这样就可以不必日后在牙医候诊室里等得心烦意乱了。

第八章
高效执行——想到，说到，更要做到

8．不会积极拖延

有时拖延是一种回答，它会使我们更聪明，更有成就。

一个积极拖延者在碰到不感兴趣的事务时，常常会采取这样一种措施：先做其他事，把不想干的活儿留到再也没有时间可拖的时候才处理。对这些人来说，拖延是一种产生社会效益的能力。首先，它把人更为充裕的才艺引入了另一个值得花时间花精力的领域；其次，它使人们屈服于一种义务感紧迫感，从而激发他们一鼓作气去完成他们实在躲不过去的乏味的工作。

积极拖延还使我们吃得更好——将某些事"放一放"，使我们有可能实现一种良好的"家庭烹调"，那是需要花大量时间的；拖延也帮助我们沟通人与人之间的联系：人们可以从干不完的工作中解脱出来，有时间待在家里；信，有时间写了，电话也可以打了。我们因此得以维系和重建许多亲情和友情。

积极拖延还有另一个好处。它使人们能在下决心之前获得更多的信息；它把一些棘手问题搁在一边，通过时间的变迁，这些问题也许会自己得到解决；反省永远是痛苦的，但却是极其有用的——事实上，这种折磨常能引导我们避免另一个更大的痛苦。

此外，当有人想把某件事强加于我们时，拖延也能给我们提供一个现成的借口："我很愿效劳，但是我真的不得不……"那些善于拖延的人比不会拖延的人更具有战略优势，因为他们总是更从容不迫。

9．空想明天

我们的生命时常消耗在对明天的期待上。这样我们就忘记了要好好利用眼前的时光，而时间是一去不复返的。为什么因焦急地盼望下周或明年就不珍惜现有的时间？如果我们能深刻理解现在是联结过去和将来的重要环节，我们就能更生气勃勃地利用眼前的时间了。与其空想明天，不如好好利用今天。

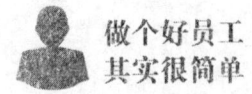
做个好员工
其实很简单

轻重缓急,要事第一

每件工作的重要程度是不相同的,我们必须清醒地认识到哪些事情是最重要的,哪些事情是急需处理的,要把这样的事放在前面去做,这样才能提高工作的效率。

乔恩经常进出医学院附属的儿童医院,与那里的医生、实习生频繁接触。负责接待乔恩的马罗尔医生手下有两个实习医生,分别是一男一女。接触多了,乔恩发现二人的工作态度有天壤之别。男实习生纳特总是神采奕奕,白大褂一尘不染;女实习生埃米则总是马不停蹄地从一个病房赶到另一个病房,白大褂上经常沾着药水、小病号的果汁和菜汤。

纳特严格遵守印第安纳州的医生法定工作时间,一分钟也不肯超时。除了夜班,他不会在上午八点前出现,而下午五点之后便踪影全无。埃米每天清晨就走进病房,有时按时回家,有时却一直待到深夜。

虽然见面时,纳特总是神闲气定、平易近人,但乔恩觉得他对医生的责任划分过于泾渭分明了。乔恩不止一次听他说:"请你去找护士,这不

第八章
高效执行——想到，说到，更要做到

是医生的职责。"埃米正相反，她身兼数职：为小病号量体重——护士的活儿；给小病人喂饭——护士助理的活儿；帮家长订食谱——营养师的活儿；推病人去拍X光片——输送助理的活儿。

医学院每年期末都要评选五名最佳实习医生。乔恩想埃米一定会入选，医生如果都像她那样忘我就好了！但评选结果却令乔恩大吃一惊，埃米落选了，纳特却出现在光荣榜上。这怎么可能呢？乔恩找到马罗尔医生，问他是否知道最佳实习医生评选的事。"当然知道，我是评委之一。"马罗尔医生说。

"为什么埃米没当选？她是所有实习医生中最负责的人。"乔恩愤愤不平地问。马罗尔医生的回答令乔恩终生难忘，也彻底改变了他对"职责"一词的理解。

埃米落选的原因是她"负责过头了"。她把为病人治病当成了自己一个人的职责，事无巨细统统包揽。但世界上没有超人，缺乏休息使她疲惫不堪，情绪波动，工作容易出错。纳特则看到了职责的界限，他知道医生只是治疗的一个环节，是救死扶伤团队中的一员。病人只有在医生、护士、营养师、药剂师等众多医务工作者的共同努力下，才能更快康复。他严格遵守游戏规则，不越雷池半步，把时间花在医生的职责界限内。因此，纳特能精力充沛，注意力高度集中，很少出错。

马罗尔医生最后说："埃米精神可嘉，但她的做法在实践上行不通。医学院教了她四年儿科知识，并不是让她来当护士或者营养师的。我们希望她能学会只负分内的责。"乔恩恍然大悟，现代社会的职责都是有界限的，每人都必须学会分工协作，"负责过头"未必是好事。

——摘自《训练孩子时间观念的99个故事——不要输在起跑线上》

工作是永远做不完的，而每个人的时间是有限的，一个人不可能承揽所有工作，尤其是在一个组织中，每个人完成好自己的工作才是最重要

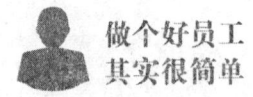

的,只有这样才能保证团队有效地协作。相反,一个人陷入"瞎忙"的陷阱,"负责过头"了,就会让自己忙得筋疲力尽,白白浪费了大好时光,无法提高效率。

小李刚走入社会的时候,以为是自己能力不够,事情才会堆积如山。为了快速增强能力,小李拼命加班,心想"勤能补拙"嘛!当上主管之后,小李除了要做好自己的工作外,还要管理其他同事的工作,工作量呈倍数增长。为了证明自己是个"勇于负责"的优良主管,只好变成拼命三郎;等到身心不胜负荷时,只能"睁一只眼闭一只眼",降低对工作品质的要求。

但现在,小李终于知道,事情之所以会永远做不完,是因为自己太贪心又太过用力的缘故。事实上,按照要事第一的原则,有些事情可以选择放弃它不要做了,有些事情可以想办法以别种方式来完成。

工作的时候如果我们分不清事情的"轻重缓急",不但会浪费许多时间,更会让我们的努力全部"归零"。

现在,就请我们回想一下,工作时下面这些情景是否经常出现:

是不是手边永远有一堆琐琐碎碎的小事,怎么都做不完?

是不是觉得所有的工作都"一样重要"?

是不是非得先做完手边的工作,才肯再接新的工作?

是不是经常麻烦上司为你"调整工作进度"?

如果答案为"以上皆是"的话,那可要警觉了,说不定自己已经成为别人眼中的"头痛人物"而不自知。

实际上,职场上的成功人士都明白轻重缓急的道理,他们在处理事情之前,总是按分清主次的办法来安排自己的时间。该先做哪件事,后做哪件事,做到有的放矢,才能从容不迫。

第八章
高效执行——想到,说到,更要做到

提高效率,利用好零碎时间

英国生物学家赫胥黎说:"时间最不偏私,给任何人都是24小时;时间也最偏私,给任何人都不是24小时。"时间是生命,时间是金钱。但人们往往重视生命,乐于理财,却疏于时间管理。

在大多数情况下,时间是一分钟一分钟浪费的,而不是整个钟头一下子浪费的。比如,水桶的底部如果有一个小洞,水很快就会漏光,结果跟有意把水倒掉一样,而时间也是从小处浪费掉的。

美国著名的电视新闻节目主持人沃尔特·克朗凯特在很小的时候就对新闻感兴趣。14岁时,他还成了校报《校园新闻》的小记者。每周,学校还会请休斯敦一家日报社的新闻编辑弗雷德·伯尼先生来给小记者们讲授一个小时的新闻课程,并指导校报的编辑工作。

有一次,克朗凯特被安排写一篇关于学校田径教练卡普·哈丁的文章。可是,那天正是克朗凯特一个好朋友的生日,他必须去参加朋友的生日聚会。没办法,克朗凯特只好胡乱对付了一篇稿子交了上去。第二天,

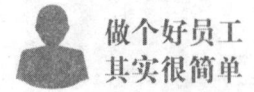
做个好员工
其实很简单

克朗凯特被弗雷德叫到办公室。弗雷德很生气地说:"克朗凯特,你的文章糟糕极了,根本就不像一篇采访稿件,该问的没问,该写的没写,你甚至连被采访者是干什么的都没弄清。克朗凯特,你应该记住,如果有什么事情值得去做,就得把它做好,无效的忙碌是一种对时间的浪费。"

——摘自《改变一生的一句话》

无效率的忙碌是一种对时间的浪费——这句话成了克朗凯特的座右铭,一直鞭策了他70多年。正是因为这句话,克朗凯特才对新闻事业忠贞不渝。

先从身边一些简单事情开始,这样我们会慢慢地觉得自己不再没有目标,不再瞻前顾后,不再失去信心。我们会觉得自己慢慢地能够透过事物的本质抓住重点,分清主次。事情随着进度计划的完成,你会越来越有成就感。同时,这种成就感将会成为激励自己行动的动力源泉。这样,事情就会向着良性循环的方向发展,我们也终将成为办事效率高的、果敢的人。

一块块小碎布可以拼成座套、褥面,甚至还可以做成一件花衣服。同样,如果把零碎时间一分一秒地加起来,也可以干成一件大事。我们来计算一下,如果一个人每天浪费1小时,那么一生中会浪费多少时间。在我们的周围,有很多人不懂得灵活运用时间,结果白白浪费掉很多宝贵的零碎时间,只要把零星时间联结起来,就会出现一批有用的时间。所以,我们应该学会挤时间,珍惜属于我们的分分秒秒。

所谓的零碎时间,是指不构成连续的时间或一个事务与另一个事务衔接时的空余时间,这样的时间往往被人们毫不在乎地忽略过去。零碎时间虽然短,但如果由一日、一月、一年不断地积累起来,其总和也将是相当可观的。可以说,凡是在事业上有所成就的人,几乎都是能有效利用零碎时间的人。

第八章
高效执行——想到，说到，更要做到

达尔文说："我从不认为半小时是微不足道的很小的一段时间。"把时间集零为整，精心使用，这正是古今中外很多科学家取得辉煌成就的奥秘之一，也是我们应该从他们身上学习的优点之一。

积少成多，小溪能够汇成大河。时间是挤出来的，是由分秒积成的，用"分"计算时间的人，比用"时"来计算时间的人，时间要多59倍。鲁迅说过："哪里有什么天才，我只是把别人喝咖啡的时间都用在工作上。"时间对于每个人来说都是公平的，能不能在一样多的时间里取得比别人更多的成就，关键看你能否有效地利用你的时间。

法国科幻作家凡尔纳在航海旅途中完成了著名幻想小说《海底两万里》；奥地利的大音乐家莫扎特，连理发时也在考虑创作乐曲，常常一理完发，就赶快把构思出的新乐曲记录下来。他常说："谁同我一样用功，就会同我一样成功。"

从这些名人的身上，我们可以看到有效利用零碎时间的重要性。而且时间往往不是一小时一小时浪费掉的，而是一分钟一分钟悄悄溜走的。因此，充分利用零碎时间应从每一分钟做起。

利用短时间有一个诀窍：我们要把工作进行得迅速，如果只有5分钟的时间写作，我们千万不要把4分钟的时间消磨在咬笔上。思想上事前要有准备，到工作时间来临的时候，立刻把心思集中在工作上。实际上，迅速集中脑力，并不像一般人想象得那样困难。

所以，在知道零碎时间的宝贵之后，我们可以将自己每天的活动时间都记录下来，并从中发现哪些是被浪费掉的零碎时间，避免以后再浪费。

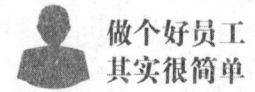
做个好员工
其实很简单

专注，有助于提高成功概率

如果你在做某件事情前就设定两个或两个以上的目标，那就等于没有设目标。集中精力做好一件事，通常更容易提高成功概率。

如果你在只有一只手表的情况下，你可能知道是几点，如果你同时拥有两只或两只以上的手表时，你就无法确定是几点了。两只手表并不能告诉你更准确的时间，反而会让你无法判断准确的时间。这就是手表定律。

通过手表定律可以给我们这样的启示：做事情，我们不能同时设定两种不同的目标，否则便会不知如何下手，感到无所适从。不要把目标定得太高、太多，这样会近乎妄想。工作目标不妨近一点，近了才有百发百中的把握。

曾有人问爱迪生："您认为成功的第一要素是什么？"

爱迪生回答说："能把你身体与心智的能量锲而不舍地运用在同一个问题上而不会厌倦的能力……你整天都在做事，不是吗？所有人都是这样。如果你早上7点起床，晚上11点睡觉，你工作了整整16个小时。对大部分人

第八章
高效执行——想到，说到，更要做到

来说，他们肯定是一直在做一些事，但区别在于，他们做很多很多事，而我却一直只做一件事。"

那些有经验的园丁会毫不犹豫地剪去一部分能开花结果的枝条，这看似非常可惜，其实是为了树木早日成材，或为了结更多的果实。

任何一个人，若想出色地完成任务，拥有一份成就感，那么就得挥刀斩去各种各样的困扰。就像很多失败者，他们不是没有才能，而是不能专注于做同一件事情。如果把那些私心杂念全部铲除，下定决心把所有的精力集中在一件事上，将来他们肯定会惊讶这朵成功之花竟会如此娇艳。

美国纽约一家公司在招聘雇员时，特别注重考察应聘者专心致志的工作作风。通常在应聘者通过各种测试后，最后一关会由总裁亲自考核。

现任经理莱恩在回忆当时应聘时的情景时说："那是我一生中最重要的一个转折点，一个人如果没有专注工作的精神，那么他就无法抓住成功的机会。"

事情虽然过去好久了，但莱恩依然清楚地记得，那天面试时，公司总裁找出一篇文章对他说："请你把这篇文章一字不漏地读一遍，最好能一刻不停地读完。"说完，总裁就走出了办公室。

莱恩想："不就是读一遍文章吗？这太简单了。"他深呼吸一口气，开始认真地读起来。过了一会儿，一位漂亮的金发女郎款款而来，"先生，休息一会吧，请用茶。"她把茶杯放在茶几上，冲着莱恩微笑着。莱恩好像没有听见也没有看见似的，还在继续读。

又过了一会儿，一只可爱的小猫伏在了他的脚边，用舌头舔他的脚踝，他只是本能地移动了一下他的脚，丝毫没有改变他的阅读速度，甚至不知道有只小猫在他脚边。

那位漂亮的金发女郎又飘然而至，要他帮忙抱起小猫。莱恩还在大声地读，根本没有理会金发女郎的话。

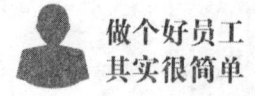
**做个好员工
其实很简单**

读完了，莱恩松了一口气。这时总裁走了进来问："你注意到那位美丽的小姐和她的小猫了吗？"

"没有，先生。"

总裁又说道："那位小姐可是我的秘书，她请求了你几次，你都没有理她。"

莱恩很认真地说："你要我一刻不停地读完那篇文章，我只想如何集中精力去读好它。这是考试，关系到我的前途，我没必要关心一些对我没用的事情。"

总裁听后，满意地点了点头："小伙子，你表现不错，你被录用了！在你之前，已经有10个人参加这项测试，可没有一个人合格。"他接着说："在纽约，像你这样有专业技能的人很多，但像你这样专注工作的人太少了！你会很有前途的。"

果然，莱恩进入公司后，靠自己的业务能力和对工作的专注，很快就被总裁提拔为经理。

——摘自《专心——一车不能赴两途》

做事全神贯注，是一个优秀员工纵横职场的良好品格。一个人如果对自己的工作不够专注，就很难做好工作，没有一个老板喜欢三心二意的职员。因此，工作专心致志的人，能够得到公司的重用和老板的喜欢，能够把握住成功的机遇。

第八章
高效执行——想到，说到，更要做到

找准目标，是提高工作效率的武器

时间对于每个员工来说都是最公平的，每人每天都有24个小时。优秀的员工通常就是在有限的时间内做得比别人多，做得比别人好的人。其实，要想做到这一点并不难，只要你一直遵循把目标放在第一的原则。跟着目标走才不会迷路，同样，工作也必须有明确的方向和目标，盲目地埋头苦干，很难把工作完成到最佳境地。

目标，正如射击场上的靶子，它会告诉你射击的方向。还会显示出你的子弹离靶心有多远。有了明确的目标，你就不会盲目地浪费时间和精力去做那些无谓的准备。

那些优秀的人都非常善于在行动之前，通过自己的思考和判断来找到一个适合自己能力发展的目标，因为在他们看来，找到目标就等于成功了一半。

如果一个人从一开始就有明确的目标，那么就意味着从一开始时他就知道自己的目的是什么，这样才能有针对性地将工作集中到一个点上，

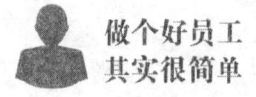
**做个好员工
其实很简单**

才会有的放矢。那种看似忙忙碌碌，最后却发现与目标南辕北辙的情况是非常令人沮丧的。这是许多效率低下、不懂得工作方法的人最容易犯的错误，他们往往把大量的时间和精力浪费在毫无价值的准备工作当中了。

看了下面的这则故事，希望你能懂得目标的重要性。

在一个漆黑的夜晚，甲正在灯火通明的房间里四处搜索着什么东西。

乙问他："你在找什么呢？"

"我丢了一颗宝石，这是我祖母留给我的，必须找到它。"甲回答。

"你把它丢在这个屋子的中间，还是墙边？"乙问。

"都不是，我把它丢在屋外的草地上了。"甲又接着回答。

"那你为什么不到草地上去寻找呢？"乙奇怪地问。

"因为那里没有灯光，而屋子里有。我把这里的灯全打开了，并把屋里阻挡我视线的家具都搬了出去，还找矿务局的朋友借了一个探测矿石的仪器，你看，我准备得足够充分了吧！"甲自豪地说。

——摘自《盲目的准备毫无价值》

读完这则故事，你肯定会觉得这个人很可笑。然而，我们中的有些人每天都在错误的地方寻找他们想要的东西。

一个想要找到金矿的采矿者，如果他认为在海滩上挖掘更容易，而到那里寻找金子的话，不管准备工作做得多么充分，他找到的肯定只是一堆堆的沙土和贝壳。

没有目标，等于失去行动的方向。这个道理再简单不过了，但为什么有那么多的人总是找不到自己的目标呢？原因就在于他缺乏确定目标的能力。

虽然在这个世界上并不是每个人都能成功，然而只要用对方法，每个人都可以成为高效率的执行者。提高工作效率最有效的武器就是"找准目标",忙要忙得有意义有价值,千万不可主次不分。一个人的时间和精力是有限的,不要妄想可以面面俱到。

这是个纷繁复杂的世界,我们每天要面对的问题也是多种多样的,工作就够让人头疼的,何况还有工作之外的事情来分散我们的精力。所以,立足本职,专注地做事,找准目标做事情,这是提高我们工作效率的最有效武器。

第九章

终身学习

——不断学习是持续进步的需要

　　一个想要变得优秀的人,在任何环境中都应该学会培养自己的学习能力,增加自己竞争的砝码。"学习"就是竞争力,就是不断提高自己的重要途径。

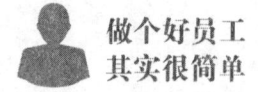做个好员工
其实很简单

一技傍身，虚心学习

俗话说，家有黄金万两，不如一技傍身。人才，只要我们不是天生白痴，后天智障，只要我们不是天生自大，后天狂妄，哪个人成不了人才？世界上最不缺乏的便是人，这是硬道理。我们有再多的钱，有一天也会花完的，只有属于我们的知识和技能才是取之不尽、用之不完的。

两个很聪明的年轻人读书时成绩都十分优秀，兴趣和爱好也相同，对于他们来说，有许多工作机会可供选择。

他们两个分别去一个公司面试，第一个前去面试的是小李，面谈结束后他用一种厌恶的口气说："老板太苛刻了，他居然只肯给月薪2400元，我拒绝了他。现在，我决定在另一家公司上班了，月薪3000元。"

后来去的学生是小唐，尽管开出的薪水也是2400元，尽管他同样有更多赚钱的机会，但是他却欣然接受了这份工作。当他将这个决定告诉我时，我问他："如此低的薪水，你不觉得太吃亏了吗？"

第九章
终身学习——不断学习是持续进步的需要

他说:"我当然想赚更多的钱,但是我对老板的印象十分深刻,我觉得只要能从他那里多学到一些本领,薪水低一些也是值得的。从长远的眼光来看,我在那里工作将会更有前途。"

那是4年前的事情了。第一个人当时在另一家公司的薪水是月薪3000元,目前他也只能赚到4500元。而最初薪水只有2400元的小李,现在的固定薪酬是15000元,外加红利。

——摘自《真正的机会在哪里》

小李被最初的赚钱机会蒙蔽了,而小唐却能基于能学到东西的观点来考虑自己的工作选择。这就是两人的差异所在。

不想当将军的士兵不是好士兵。做下属的想超越他的老板,这是非常可贵的精神。员工想要超越自己的老板并非易事,想要超越自己的老板,首先要学会老板的本事,然后再谈超越。如果连老板的那一套都没有学会,何谈超越呢?因此,一名优秀的员工要不断地学习,学习自己的老板,不断充实自己,才会提升自己,获得老板的赏识和提拔。

小许只是高中毕业,当年他是因最后一批"照顾员工子弟"的文件而被分配到一家国有企业的。没想到3年之后,这家国有企业因为经济形势的影响而变得不景气,除了一些财务和人事的工作人员继续留守公司外,其他人员全部下岗回家了。像小许这样刚参加工作3年的年轻人,每个月只能拿到两三百块钱的生活费,这么少的钱怎么生活呢?现在做什么不需要花钱呢?不过,小许并没有慌张,他拿着个人简历去人才中心登记,不到一个星期便被一家外资企业录用为软件开发员,不仅待遇是以前国有企业的几倍,还有公费出国学习的好机会。

原来,小许在业余时间自修取得了计算机本科学历,还考取了系统

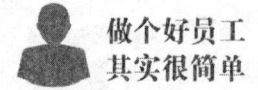
做个好员工
其实很简单

分析员的证书,他凭着这一技之长轻松地找到了新的工作。而他的其他同事们,有一些年龄稍长的呆惯了国有企业,每天喝茶看报闲聊打发时间;有一些和小许年龄相仿的年轻人想着当年父母帮自己进了这家好企业,便安心享受这份好工作,而企业几年前待遇好得令人眼红,年底发奖金就是数万元,有多少人都托关系走后门也要挤进他们单位,他们都养尊处优惯了,哪里想到自己有一天会面临下岗,面临出去应聘求职呢?

古代有"肯下人,终能上人"之说。万丈高楼平地起,打好基础是最重要的。如果不肯把自己放得很低,好好学习,凭什么本领升得更高呢?没有人生下来就注定要成功的。那些成功的人,哪一个不是由低处经过了千辛万苦才升到高处的?

学习,除了学习老板之外,我们身边更多接触的人——同事,也可以成为我们学习的榜样。

我们生命中有1/3的时间是在工作,这同时也意味着我们有1/3的时间是与同事们一起度过的。好好把握这段时间,学习身边人的优点,可以使自己更快的进步。

想要进步,就要熟悉"圈子"里的人和事,不要多嘴,以免惹人烦,最好是保持沉默,多听、多看,时刻保持谦虚的态度,多向同事学习业务知识,学习同事身上好的品质。也可以主动与感觉友好的同事接触,根据相同的爱好,可共同参加一些业余活动;或请他们吃顿饭,在一块儿聊聊天,增进友谊,彼此关系加深更可以方便向他们学习。很多知识是在学校和书本上无法学到的,工作需要的也正是实践经验。只有我们把关系理顺了并很快地融进"圈子",这对我们日后的工作将大有裨益。并且从身边同事身上学习到各种知识,更是有利于自己在职场上胜出。

第九章
终身学习——不断学习是持续进步的需要

向同事学习与向老板学习截然不同，因为我们与同事是站在同一水平线上的。向同事学习，首先要摆正心态，绝不能有嫉妒心理。

这个时候，千万不要让嫉妒搅得自己心烦意乱，更不要冲动得跳槽，毕竟到一个新的环境，一切都要重新开始，且又要费一番周折，那样真是太得不偿失了。也不要公然表示自己的不高兴，职场上是特别忌讳公然表示自己不高兴的。我们可以不高兴，但是不能把它放在脸上，因为那样会影响到别人，也可能会给别人以可乘之机——他们会说闲话：瞧，领导新提拔上来的那人不行吧，连他们自己部门的人都不服气。这不是给人把柄吗？升职轮不到自己，谁都会不舒服，都会嫉妒。但嫉妒带不来加薪，与其让嫉妒充斥自己，不如先平息妒火，接受事实。人就是这样，只有先接受事实，才能发现自己差在哪里，才能自求更好。

我们应该冷静地想一想，也许提上去的那个人真的不错，也可能他确实不如我们。但高层的领导把他提上去总是有理由的，比如，他人际关系比自己处得好——也许从纯业务的角度来讲不如自己突出，但是，做管理工作更多的是要看他如何与别人相处，如何把一帮人团结起来。如果我们心里全是那种不服的感觉时，他的长处可能什么也看不出来。遇到这样的情况，不如看看他的优点，找找他的长处。这样不仅能调适我们那正往火山方向发展的脾气，更能让我们有所收获。

在发小脾气前，我们先得想想，自己没有升职是为什么，自己究竟差在哪里，找出自己与同事之间的差距来，然后向人家学习，没准下次升职的就是我们了。否则我们是暂时出了口气，心里痛快了，可最终损失的是谁？是我们自己，是我们自己的名声。

在与同事相处的过程中，不妨多寻找同事的优点，勤于学习他的工

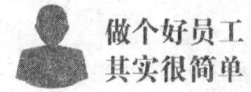

作方法，虚心接受他正确的意见，改正自己的缺点，这就是进步最大的秘诀。发现自己的不足，发现工作中不完善的地方，再对比身边做得好的人，学习人家好的方法，把问题解决掉，促进工作上一个新台阶，这也是一种创新的结果。我们应该时刻带着新的思维观念，敢于否定陈旧的工作方法，大胆创新，从身边做起，从手头的小事做起，从而不断提升自己的工作水平。

第九章
终身学习——不断学习是持续进步的需要

与时俱进，武装自己

现在是一个"优胜劣汰"的社会。职场作为社会大环境中的一部分，同样也遵循着这样的规律。面对这个变化迅捷的社会，作为在职场打拼的一员，我们只有跟得上时代的脚步才能够生存进而追求所要的成功。

如何才能让自己与时俱进？要做到这一点，就只能不断地提升自己的专业技能，让自己变得更专业一点。

每一项工作都有自己的专业领域，所以身在不同行业的人都拥有自己的专业技能，它是一种做好工作的重要能力。有一些员工虽从事较有技术性的工作，但对自己所从事的专业了解不透，更谈不上提升专业技能了。这些员工往往变成"万金油"，什么活都能干，可什么活都干不好。

要想把自己的工作做彻底，就一定要具有相当强的专业技术知识，最好做到不可替代的程度。如果现在还没有做到，而又有志于在专业技术方面发展，就要静下心来，苦练内功，努力提高专业技术知识和水平，努力使自己成为企业"专家式"的员工。也只有这样，才能赢得属

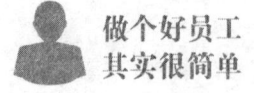
做个好员工
其实很简单

于自己的成功机会。著名演员姜武,便是靠着这样一种精神,为自己赢得了关系到自己一生的演出机会,成就了自己的事业。

姜武是著名演员,也是著名导演姜文的弟弟,刚走上演艺道路就被笼罩在哥哥的光环之下,所以很多人认为姜武之所以能取得今天的成就,完全是因为他有一个导演哥哥。而事实却并非如此,他的成功,完全靠的是自己的努力。

从电影学院毕业之后,姜武没有什么角色可演,许多人都让他去找哥哥姜文,包括自己的父母也说这样的话,但姜武不愿意。其实当时他哥哥姜文跟他也是一样的想法,他曾对媒体记者说,既然姜武选择了这条路,他就一定要以自己的方式走下去,自己如果帮他,反而会害了他。在姜文的心里,他是最了解姜武的,他清楚姜武是个好强并且很有自尊心的人,他不会让别人认为他是因为哥哥才演上角色的。

一次偶然的机会,姜武听说《洗澡》剧组正在物色一名演员演傻子二明,面试了很多演员,导演都觉得不合适,而且很多演员也觉得让自己去扮演一个疯疯癫癫的人,有损自己的形象。而姜武却跟他们的想法不一样,他认为这是一次难得的机会,于是就跑到《洗澡》剧组毛遂自荐。

当时导演因为一直没有找到合适的人选,都决定要放弃了,想找个真傻子来演二明,但姜武可不管导演有什么想法,他当着导演的面就演起了傻子。导演看了他的表演,一下子就呆了,因为他演得实在是太好了,不知道内情的人还以为姜武真的是一个智障人士。于是,导演放弃了用真傻子来演的想法,决定由姜武来演。

面对这次难得的演出机会,姜武也是十分珍惜。为了能把二明这个角色演好,他专门跑到福利院去体验生活,和真正的智障人群一起生活。从福利院体验生活回来,姜武觉得自己的积累还远远不够,恰好那

第九章
终身学习——不断学习是持续进步的需要

时候女儿刚出生，于是他便天天趴在女儿身边，观察她的一举一动。

有一次，他哥哥回家，看到他这样观察自己的女儿，还拿他打趣："你女儿这么好看，天天看还看不够？"姜武说："我演的《洗澡》里面的二明是个智障！人长大了，但智力却没有继续再长，所以我就想看看这么小的孩子是怎么样笑、怎么样哭的。"

姜文当时没有说话，但是他在心里已经更加相信弟弟一定能行的。后来姜武在演二明的时候，为二明设计了只有两三岁孩子的智商，在表演的时候还加进了许多只有小孩子才有的动作，比如二明用小木棍画墙，手总是紧紧地攥住衣角等，这些动作都是姜武通过自己的体验慢慢想到的。

为了演好二明，姜武还在嘴里加了一个牙托，这样他说起话来就变得口齿不清了，更加贴近人物形象。就是这样一些小小的细节，成了迄今为止姜武演得最经典的"形象"：顶着"锅盖头"，穿着蓝白条运动服，边走路边用小木棍画着墙，一听到《我的太阳》就乐不可支……

因为在《洗澡》里面对二明这个人物角色的出色表演，姜武拿到了夏威夷国际电影节的"最佳男演员"奖，而这次演出也成了姜武演艺事业的转折点。虽然姜武现在接拍的戏越来越多，名气也越来越大，但是他仍旧如当初出演二明一样，始终以专业的精神去对待自己的每一次演出，对待自己的每一个角色。他说只有如此，才能让自己有所提高，有所进步。

不仅在演戏中如此，在日常工作中也是一样。只有努力提高自己的专业技能，才能跟得上时代变化的脚步，才能在工作中，把自己的工作做得更加彻底。

那么，如何才能提升自己的专业技能呢？

1. 不断学习，提升自我的能力和实力

优秀的职场人士知道只有不断地学习，才能够适应社会的发展，才不

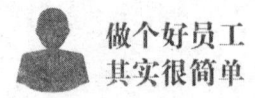
做个好员工
其实很简单

至于被社会、被企业所淘汰。学习的途径可以去参加专门开设的某项专业技能的培训学习,也可以从身边的其他人的身上学习。

现在身为某公司网络部主管的李楷,在刚进公司的时候,只是一名普通的员工,不要说对网络不熟悉,就是连简单的计算机操作都搞不懂。然而,在偶然的机会他接触到计算机网络,发现如果不懂操作,便很难在这个公司获取更好生存和发展的机会。于是,他便利用业余时间参加计算机培训班,过了一段时间后他的计算机技术得到了很大提高。

一次偶然的机会,公司网络出现了一些问题,正当大家束手无策的时候,李楷站了出来,并熟练地解决了存在的问题。正是因为这件事情,李楷引起了公司领导的注意,得到了领导的赏识。

从李楷身上,我们可以看到在变化迅猛的社会中,只有保持不断学习的精神,才能为自我获得更好的生存发展空间,才能立足于这个社会。

2. 保持实干精神

很多人之所以能在工作中取得骄人的业绩,靠的不是走捷径,事实上也根本就没有捷径可走,他们是靠一步一个脚印的实干精神。他们不是神仙,也不是什么天才,更没有什么特异功能,只是靠持之以恒的学习、刻苦的钻研,不断提升自己的专业技术能力,才能成为"员工之神"。

真正的专业技能在学校是很难学到的,要在工作实践中结合理论进行学习、提高,这对于员工是一个难得的好机会,员工必须好好利用这个条件,将自己的专业技能提升上去。

这是一个依靠能力说话的时代,更是一个比学习速度的时代。因此,保持一颗谦虚好学的心,随时随地地学习,提高自我的能力和素质,会让我们一步步从普通走向优秀,从而成为职场炙手可热的人物。

第九章
终身学习——不断学习是持续进步的需要

及时充电,提升效率的根本

时间是一笔财富,善于运用这笔财富则是一门技术。如果我们懂得每天及时充电来提高自己、发展自己,那么我们将会更具有竞争力,成功的可能性会更大。反之,则会被社会淘汰。

一个19岁的男孩,来自西部贫穷地区,仅仅是个高中毕业生。刚到北京的时候,由于学历太低,连一份保安的工作都找不到,每天住在潮湿、阴暗的地下室里。就在他哀叹苍天不公,准备返回家乡的小山村时,他的命运出现了转机。

他在地铁口卖报纸时,从一个顾客的口音中认出一个老乡,两人进行了愉快的聊天。老乡在北京一家外企工作,对他乡遇故知非常高兴,对小男孩的遭遇也非常同情,于是便来往起来,老乡为他找了免费住处。这位老乡还留心为小孩找工作。不久,老乡一个哥们儿的文化经纪公司招聘模特经纪人,按照小男孩的条件,他连初试的资格都没有,但看在老乡的面子上,决定给他一个机会。于是,一个朝不保夕的"报童"摇身一变成了

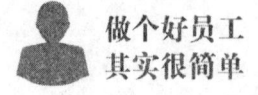

**做个好员工
其实很简单**

"模特经纪人",每天和这些以前连见都没有见过的美女在一起工作。

小男孩在这些高学历、阅历丰富的文化人面前自惭形秽,但他的收入由每月不足500元猛增到4000元,这可是他在老家一两年也挣不到的,而且他只有19岁!可这时他居然心理不平衡起来,因为其他员工可以拿到他工资的两三倍,所以他常常在老乡面前抱怨公司待他不公。

老乡要男孩学会知足常乐,即使要挣更多的钱,也要脚踏实地,先充电,提高业务能力。可是小男孩认定了是别人整他,从来不钻研业务,而总是要老乡出面给老板打招呼,安排给他更加重要的职位。有很多次,老乡正在参加公司的重要会议也常常被他的电话骚扰,老乡终于忍无可忍地拒绝了。之后,小男孩对老乡也产生了怨恨,觉得他不够意思,他觉得老乡就应该无条件地帮忙。可是他根本就不想一想,没有老乡的帮助,他日晒雨淋的连500元都挣不到。他也没有想一想,即使老乡帮他争取到了更好的位置,自己的能力够不够?会不会伤害到老乡和老板的友谊呢?

——摘自《分享:千万不要忘了"充电"》

不懂得及时充电而只知道通过关系往上爬的人,最终只能有一个下场——"爬得越高,摔得越重"。再说,就算朋友愿意帮助我们,可是我们不懂得充电,自己不去帮自己,最终只能被淘汰。

著名的贝尔实验室和3M公司经过近10年的研究,最终发现了一个令人吃惊的结论:要成为一名优秀员工,你无需高智商或者圆滑的社交技巧,只需培养并在工作中践行好的习惯,不断学习,发挥出自己巨大的潜能。

奥维德说:"没有什么比习惯的力量更强大。"习惯,是一个人思想与行为的真正领导者。及时充电是一种好习惯,可以让我们受益匪浅。

1991年,陈思勇进入东方汽轮机厂机修分厂当了一名起重工。他一直

第九章
终身学习——不断学习是持续进步的需要

铭记着父亲的教导：要自强上进，勤学技术。他在工作中一直勤勤恳恳，兢兢业业，上班没多久就因踏实肯干的工作态度得到了分厂职工们的一致赞扬。

陈思勇是个非常善于动脑的人，他科学地对待工作，有着良好的业务学习习惯和积极处理问题的能力。

他知道精品的产生不光靠的是经验、精心，还要有丰富的理论知识。虽然没有读过技校，但陈思勇平时非常注重理论知识的学习。于是，他买了很多的专业书籍回家，潜心钻研。

1997年，陈思勇在东方职大进修了机械制造专业，并以优异的成绩毕业。在生产中遇到技术难题，他总是先静下心来理好思路，翻阅专业书查找有关资料，并与同事交流经验，总结以前的加工方法，确定如何攻克难关、保证质量的方案。不管干什么活，陈思勇都把它当作艺术品一样来打磨加工，每个尺寸都精确无误。

当涉及工厂一些大型关键设备的维修时，"时间就是金钱"，耽误一秒钟都会使工厂受到损失。一次，为了能让2.2米数控卧车尽快投入使用，他和一位小伙子连班作业，一直干到次日凌晨4点钟，终于圆满完成任务。

作为车工班班长，他也这样严格要求全体班组成员。2003年，他所带领的车工班荣获了厂年度"红旗班组"称号。

在央企职工技能大赛车工决赛的实践考试中，陈思勇提前半个小时就完成了，如此快的速度令在场所有监考的专家都感到惊讶。当他们仔细看了陈思勇交上来的工件时，不由得对如此漂亮的答卷赞不绝口。最后，陈思勇凭借优异成绩获得金奖。

陈思勇能脱颖而出，与他的好习惯是分不开的。他具有的第一个良好的习惯是爱学习，第二个良好的习惯是追求精细，第三个良好的习惯是认

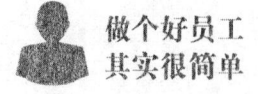
做个好员工
其实很简单

真对待工作的态度。

优秀的员工就是凭借着这种良好的工作习惯和上进的工作精神去开拓自己的事业的。他们从不抱怨领导或企业的苛刻，对自身的严格要求甚至超出了常人的想象。他们不会找这样的借口："我没有做事的机会""我无法就职于那家大公司""天啊，这简直糟透了"。这些永远是失败的借口，成功的人永远是用实干的汗水和科学的行动来收获胜利之果的。

尽管职业之路是漫长的，但最关键的始终是那么几步。然而，正是这看起来似乎很容易的几步，却左右着每个人一生的成与败、荣与辱、福与祸、得与失，最终决定了每个人的命运。有的人之所以能够成为幸运的宠儿，可以比别人更早地达到成功的目标，品尝到更多成功的果实，往往并不是因为他们比别人的智商高，或者比别人更圆滑，而是因为他们具有"及时充电"的习惯。他们有效地把握了人生的紧要之处，比别人更好地走过了人生中最为关键的几步路。

林肯勤奋好学，一有机会就向别人请教。没钱买纸笔，他就在土沙地和木板上写写画画，练习写字。他放牛、砍柴时怀里也总揣着一本书；休息的时候，一边啃着粗硬冰凉的玉米饼子，一边津津有味地看书；晚上，他在小油灯下常读书读到深夜。

长大后，林肯离开家乡独自一人外出谋生，他什么活都干，不管干什么，他都非常认真负责，诚恳待人。他当乡村店员时，有一次一个顾客多付了几分钱，他为了退还这几分钱竟追赶了十几里路。所以，他每到一处，都受到周围人的喜爱。林肯无论干什么都始终没忘记学习，他抓紧一切空闲时间刻苦自学，攻读历史、文学、哲学、法学等著作，获得了丰富的知识。

35岁时他开始竞选公职，几乎输掉了每一次的重大竞选，但他一直努力没有放弃。51岁，他当选为美国总统，并成功地废除了奴隶制。

第九章
终身学习——不断学习是持续进步的需要

林肯出身于社会底层，但他具有勤奋好学的品格，这一良好的习惯使他成为美国历史上最伟大的总统之一。

——摘自《名人故事》

世界上没有天才，天才的辉煌只是我们肉眼看到的1/6的冰山之尖，而那5/6是泡在海水中的默默奋斗和学习。优秀员工应该在不断的学习中积累经验，从经验中总结出有价值的规律，用新习惯替换旧习惯，用科学的习惯代替不科学的习惯，从而大大提高工作效能。

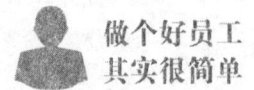
做个好员工
其实很简单

不断提高能力，才能得到赏识

要想得到领导的倚重，我们本身要有一定的才干才行。才干包括许多方面，大凡领导身边的"红人"，都有"好字、好文笔、好口才、好记性"等才干。这些经常使用，会给领导留下印象的才干是得到领导倚重的基础。

1. 字要写得漂亮

我们常说："字如其人。"一个人的字，在某种程度上代表一个人的性格。正因为如此，有的领导便根据一个人的字来判断其性格和决定其去留。

因为下属经常要给领导撰写讲话稿或起草公文。如果下属的字工整、清晰、秀气，领导自然很欣赏，还可能以为这位下属有一定的才华。相反，下属写的字歪歪扭扭，字迹不清，领导看起来不顺眼，甚至因看不懂而不高兴、恼火。

写字方面的练习，对于做秘书或做办公室工作的人员来说尤其重要，因为这些人员经常要接触文字工作。对于那些不经常接触文字的工作人员,也应加强写字的练习,因为这些人有时也要为领导写些东西,如情况反映、简报和表格之类的文字材料。如果字写得好,同样也会给领导留下一个好的印象。在衣着方面,人们往往"以貌取人"。在文字方面,有时也"以字取人"。如果一个人能写一笔好字,有时也会派上用场。

2. 较高的写作能力

领导工作不可避免地要涉及到讲话和下发文件。这些领导自然希望自己的讲话稿写得漂亮,有吸引力,以赢得听众热烈的掌声和思想上的共鸣,更希望由自己签发的文件深刻、严谨、规范,指导性强。

作为领导虽然有这些好的愿望,但是有的人因自己文字功底差而不能胜任;有的人因工作繁忙或对某项工作不熟悉而不能亲自动笔。于是,在许多部门,撰写讲话稿和起草文件的任务就交给了下属。

这就要求下属要具有较高的写作能力。如果下属写作能力强,既深刻又生动,毫无疑问,自然会让领导满意;如果下属写作能力不强,别别扭扭、文理不通、辞不达意,甚至错别字连篇,自然会引起领导的不满。

可见,写作能力的高低不仅是文字水平高低的问题,也是让领导满意、欣赏的一个重要的因素。许多人就是因为文字功底雄厚而得以重用。当然,也有一些人因文字功底太差,而被调离工作。

3. 练就一副好口才

在社会交往中,包括下属和领导的交往中,都需要用语言进行沟通。下属向领导汇报情况,或者下属传达领导的指示,都离不开语言。领导希望自己的下属具有良好的口才。俗语讲:"好马出在腿上,好汉出在嘴上。"这话虽有些俗,但有其一定的道理。

在工作中,下属要经常给领导汇报工作。口才不同的人,其汇报效果大不相同。口才好的人,能简明、准确、清楚地向领导汇报,使领导能听懂所反映的情况,从而及时作出正确的决定。这自然是领导喜欢的。相反,口才不好的人,说话结结巴巴、丢三拉四、轻重不分、啰啰啰嗦，让领导不知所云，不得要领。这就很难令领导满意。

口才绝非耍嘴皮子。实际上，它是一个人知识深浅的标志，是一个人表述能力高低的体现。大凡杰出的领导人和组织者都具有较好的口才。练就一副良好的口才，是搞好工作不可缺少的条件。

有时领导的意图需要下属去传达，如果下属不善于表达，那就不能将领导的意图准确地告诉群众。

练好口才，提高表述能力的方法，主要是多练、多想、多总结，同时还要多学习。一方面利用一定的场合多讲话，使自己的胆量有所增强，使自己的表述能力日臻完美；另一方面，在家中、办公室进行自我练习，进行反复的演讲。

4．具有较强的记忆力

多数领导都有经常询问下属的习惯，因此作为下属应具有较强的记忆力，凡领导所分管工作的各种情况，都应做到心中有数。如果领导问询起来，即刻予以准确回答，领导自然会满意的。若在大众场合，回答得漂亮，领导则会更加满意。因为这给领导也争了光。相反，如果领导询问起来，下属支支吾吾，甚至因回答错了惹来耻笑，领导当然不会满意甚至会生气，因为耽误了工作或丢了他的面子。久而久之，领导就有可能不喜欢了，认为下属愚笨或工作不负责任。

自然，作为下属掌握领导所分管工作的一些基本情况，也是自己的本分。为了增强记忆力，应有意识地进行强记。对一些基本数字，要写在笔记本上经常翻阅。脑子里要经常装着一些数字。同时，要经常接触有关工作，增强感性认识，从而使一些情况和数字自然而然地记在脑子里，以便将来有其"用场"。

如果工作上马马虎虎，任何事情都不"装"在脑子里，到时就会发生"抓瞎"的现象。如果我们想成为领导的得力助手，那么，从今天开始就要在这四个方面多下苦功，让我们的才干充分展现在领导面前。

第九章
终身学习——不断学习是持续进步的需要

提高协助领导的能力，方可得到重视

对于领导来说，对他最大的支持，莫过于能够协助他把工作做好，这是领导对下属最主要的要求和期望。因此作为下属，要有协助领导工作的能力。

1. 熟悉领导分管的工作

在一些场合和一些工作上，领导需要下属的帮助，或让下属提供资料，或"出谋划策"，或协助处理一些问题。而且，多数领导希望下属给予更多的帮助，因为有的领导确实能力有限，许多问题不能解决或不能漂亮地解决；有的领导想"忙里偷闲"，希望下属多代替自己做些工作；有的领导想把工作做得好一些，能胜人一筹，以便得到更上一级领导的赏识。

鉴于这些情况，就需要下属当好领导的助手和参谋。但是，当参谋和助手的首要条件是，熟悉领导分管的业务。如果对领导分管的业务不熟悉，知之甚少，就很难当好领导的助手和参谋。在相当一部分下属人员

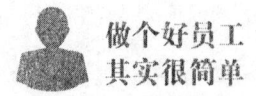

中,如秘书、办公室主任等,不努力去熟悉领导业务的大有人在,致使领导不好使用他,也正因为如此,这些工作人员进步缓慢。

当熟悉了领导分管的业务之后,一旦领导征询自己的意见,作为下属就能提出比较明确、可行的意见来。当领导指示自己去处理某一个问题时,因情况熟悉,问题便会顺利得以解决。如果是这样,领导自然满意了。

2. 有一定的组织能力

无论开展什么样的工作,往往都要组织一些活动。通过这些活动,领导或上级部门布置的工作才得以完成。

有些重大的活动需要领导亲自出马,坐镇指挥。但是,多数活动则是领导委托给下属去办理。这自然也是对下属的一种考验。

组织社会活动是一件复杂的事情,有些活动组织起来十分棘手。而如何组织社会活动,课本上是没有讲过的,主要靠自己学习。

作为领导,自然希望下属把活动搞好,达到预期的目的。这些活动虽然不是领导亲自操办的,但是它也涉及到领导的能力和形象。活动组织得好,领导放心也开心。相反,如组织得不好,杂乱无章,漏洞百出,群众怨声载道,上级多加指责,这就不可避免地要丢领导的脸面。这时,让领导对你有好感是不可能的了。

因此,作为下属一定要提高自己的组织能力。要充分认识活动组织得好坏与领导工作的好坏有着十分密切的联系。

作为领导,都希望自己手下有几个组织能力强的人,即所谓的"干将",以作为他的左膀右臂。而作为下属则应向这方面努力。

提高组织能力也需要一个过程。首先,应正确地领会领导的意图以及掌握领导对这次活动的要求;其次,要精心组织、周密安排、力争完美无缺,从而给领导留下一个良好的印象。

第九章
终身学习——不断学习是持续进步的需要

3．有协调的能力

作为一个领导人，遇到需要协调的问题会很多。工作中协调是必不可少的，但又是一件十分麻烦的事情。有些问题多次协调也不得解决，令人大伤脑筋。

协调是一种艺术。具有较高协调才能的人，对于某一问题的协调要容易得多；而对协调能力较差的人来说，虽费了九牛二虎之力，效果也不一定尽如人意。

作为下属，常常生活在各种矛盾之中，甚至生活在各种纠纷之中，他既需要处理与领导的矛盾，又要处理与周围人的矛盾。更重要的是，有时还要代替领导处理一些领导所遇到的矛盾。这就要求下属具有较灵活的协调才能。

协调得好，领导就会满意，认为你有能力。如果你帮助他处理了长期未能解决的矛盾，不仅会得到赏识，还会得到感激。假如处理得不好，矛盾未能解决，甚至还有些激化，领导自然不会满意。

协助领导搞好协调工作，实际上是帮助领导解决一些棘手问题，同时，也是在帮助领导疏通和融洽有关方面的关系。这是领导十分期望的。

矛盾是复杂的，因此进行协调的办法也应当是灵活的。有时需要晓之以理，动之以情；有时需要硬，有时需要软；有时要伸，有时要屈。总之，方法要灵活。

4．能为领导代笔

在我们的日常工作中，会议特别多。在各种会议上，特别在较大型的会议上，领导为了把问题讲清楚，或怕出差错，所以一般要写一份讲话稿。

有的领导能够自己起草，这样下属就省劲了。但是很大一部分领导则需要下属代笔，这是一种非常普遍的现象。这就使秘书成了领导的代言

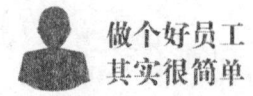

人。鉴于这种情况领导自然希望下属把讲话稿写得漂亮些,能博得群众的掌声,提高自己的威望。相反,下属如果把讲话稿写得很蹩脚,听众觉得索然无味,甚至出现一些原则性的错误或笑话,以致影响了领导的形象,甚至来个"倒鼓掌",那就糟糕了。

在某种情况下可以说,讲话稿代表了领导的水平,也代表了领导的形象。因此,作为下属,应当努力为领导写好讲话稿,万不可认为这是无关紧要的事情。

写好讲话稿是一件非常不容易的事情,一则需要较深的写作功底,二则众口难调,要符合领导的口味。要写好讲话稿,首先,要练好写作基本功,这是首要的条件;其次,要熟悉领导要讲的内容;第三,要掌握领导的口味、风格;第四,还要了解听众的心理,知道群众喜欢听什么、关心什么,不要发生"南辕北辙"的现象。

领导有一个能力强的下属,工作起来自然得心应手。当他离不开下属时,也正是下属身价倍增的时候。

第十章

勇于创新

——打破思维定势才能实现跨越式成长

总是走别人走过的道路,其成功的概率是很小的。如果想要成功,就要具有创新思维,走出一条新的道路,让自己实现华丽的转身。

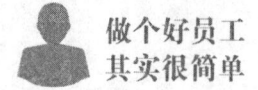
做个好员工
其实很简单

打破思维定式,改变常规

创新是人类社会进步的客观要求,而要摆脱和突破常规思考方法的束缚,常常需要付出极大的努力。我们必须摆脱惯有的思维定势,变换一下我们做事的方法,从而才能达到意想不到的效果。就像当代著名趣味数学家马丁·加德纳曾经说过:"有些问题动用传统的常规方法理解确实很困难,但如放开思路,打破常规,灵机一动,问题便会顷刻迎刃而解。"

因此我们一定要学会在工作中运用创造性思维。

在中美洲有一个小国,有一位书商手里的书总是卖不出去。于是就有人给他出主意,让他找人"忽悠"。但是"忽悠"也要讲究方法的,一定要请名人来,在那个地方总统就是最好的名人。给他出主意的人说只要把书寄给总统,无论他说什么,这书就一定好卖了。书商一听十分高兴。

于是,这位书商就把书寄给了总统,同时还寄去了一封信,信里写道:"我手里的书实在是太难卖了,您一定得给我说点儿好话。"总统看完书后觉得还不错,同时觉得他写的信也有道理,于是就在书上写上"这本

第十章
勇于创新——打破思维定势才能实现跨越式成长

书不错"的字,并且把书又给书商寄了回去。

书商拿到总统寄回来的信如获至宝,于是就把书挂在了店里最明显的地方,并且对每一位来书店的人介绍这本总统给出好评的书,果然这本书就成了畅销书。

有了这一次的经验以后,书商不久又把第二本书寄给了总统。总统已经听说上次寄书后书商借他的话进行宣传把书大卖,于是这次就在寄来的书上写上"这本书实在不怎么样"的字样给书商又寄了回去。

但是书商拿到书后又如获至宝,并且对来书店的每一位客人介绍说,这是一本把总统气得发抖的书。大家出于好奇,致使这本书也十分畅销,而且这本书比第一本书还要畅销。

这个消息又传到了总统的耳朵里,没过多久又收到了书商寄来的第三本书。但是这次总统没有给书进行任何的评价,把书原封不动地给书商寄了回去。这次书商找的借口是总统没有看明白,于是一本连总统都看不懂的书又一次大卖,而且比前两本的销路还要好。

——摘自《书商"忽悠"总统大卖滞销书》

聪明的书商敢于打破思维定式,所以最后取得了成功。

一些科学家曾经做过这样一个有趣的实验:

他们把跳蚤放在桌上,一拍桌子,跳蚤迅即跳起,跳起高度均在其身高的100倍以上,堪称世界上跳得最高的动物!然后在跳蚤头上罩一个玻璃罩,再让它跳,这一次跳蚤碰到了玻璃罩。连续多次后,跳蚤改变了起跳高度以适应环境,每次跳跃总保持在罩顶以下高度。接下来逐渐降低玻璃罩的高度,跳蚤都在碰壁后主动改变自己跳跃的高度。最后,当玻璃罩接近桌面时,跳蚤已无法再跳了。科学家于是把玻璃罩打开,再拍桌子,跳蚤仍然不会跳,变成"爬蚤"了。跳蚤变成"爬蚤",并非它已丧失了跳跃的能力,而是由于一次次受挫学乖了,习惯了,麻木了。最可悲之处就

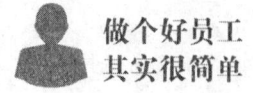

在于,实际上的玻璃罩已经不存在,而它却连"再试一次"的勇气都没有了。这只小跳蚤已经认为不可能就是不可能。

——摘自《跳蚤变爬蚤的启示》

世界万物无不处于变化之中,时代和社会不断变化更新,人们的消费心理也在不断改变与更新。如果一直照着原来的方式去做,不论做什么都"以不变应万变",企业发展就难以为继。

事实证明,并不是每个人都可以成功地发挥自己的创造力,从而取得别人所不能取得的成绩的。人们不能发挥创造力的原因多种多样,有的是因为心中存在某种局限性的观念,有的是存在某种思维障碍,也有的是因为没有处理好与创新的各种关系。所以员工要提高和发挥自己的创造力和创新思维,必须做到突破许多思维障碍,敢于打破一切常规。

随着社会的发展,创造性思维越来越重要,也越来越被人们所认识。要想使自己的工作产生超凡出众的效果,要想在竞争中立于不败之地,那么就应该跳出传统的思维定势,学会运用创造性思维。

第十章
勇于创新——打破思维定势才能实现跨越式成长

学会冒险，善用发散思维

发散思维是一种从不同的方向、不同的途径和不同的角度去设想的展开型思考方法，向四周扩散，无拘无束，甚至异想天开。发散思维可以使人的思维趋于灵活多样。

具有发散思维的人，在观察一个事物时，往往通过联想与想象，将思路扩展开来。拓展视野，而不仅仅局限于事物本身就常常能够发现别人发现不了的事物与规律，提出多种新设想、新办法。因此，创造性首先表现在发散性上。

在一次有许多中外学者参加的"如何开发创造力"的研讨会上，日本一位创造力研究专家应邀出席了这次研讨活动。面对这些创造性思维能力很强的学者同仁，风度翩翩的村上幸雄先生捧来一把曲别针（回形针），说："请诸位朋友动一动脑筋，打破框框，看谁能说出这些曲别针的更多种用途，看谁创造性思维开发得好、多而奇特！"

片刻，一些代表踊跃回答："曲别针可以别相片，可以用来夹稿件、

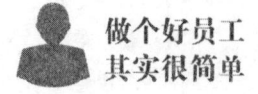

讲义。"

"纽扣掉了，可以用曲别针临时钩起……"

七嘴八舌，大约说了10多种，其中较奇特的是把曲别针磨成鱼钩，引来一阵笑声。村上对大家在不长时间内讲出10多种曲别针用途很是称道。

人们问："村上您能讲多少种？"

村上一笑，伸出3个指头。

"30种？"村上摇头。

"300种？"村上点头。

村上紧了紧领带，扫视了一眼台下那些透着不信任的眼睛，用幻灯片映出了曲别针的用途……这时只见中国的一位以"思维魔王"著称的怪才许国泰先生向台上递了一张纸条。

"对于曲别针的用途，我能说出3000种，甚至3万种！"

第二天上午11点，许国泰"揭榜应战"，走上了讲台，他拿着一支粉笔，在黑板上写了一行字：村上幸雄曲别针用途求解。原先不以为然的听众一下子被吸引过来了。

"昨天，大家和村上讲的用途可用4个字概括，这就是钩、挂、别、联。要启发思路，使思维突破这种格局，最好的办法是借助于简单的形式思维工具——信息标与信息反应场。"

他把曲别针的总体信息分解成重量、体积、长度、截面、弹性、直线、银白色等10多个要素。再把这些要素，用线连接起来，形成一根信息标。然后，再把与曲别针有关的人类实践活动要素相分析，连成信息标，最后形成信息反应场。许国泰从容地将信息反应场的坐标不停地组合。

通过两轴推出一系列曲别针在数学中的用途，如曲别针分别做成1、2、3、4、5、6、7、8、9、0，再做成+-×÷的符号，用来进行四则运算，

第十章
勇于创新——打破思维定势才能实现跨越式成长

运算出数量,就有1000万、10000万;在音乐上可创作曲谱;曲别针可做成英、俄、希腊等外文字母,用来进行拼读;可以用曲别针做指南针;可以把曲别针串起来导电;曲别针是铁元素构成,铁与铜化合是青铜,铁与不同比例的几十种金属元素分别化合,生成的化合物则是成千上万种……实际上,曲别针的用途,几乎近于无穷!他在台上讲着,台下一片寂静。与会的人们被"思维魔王"的魅力深深地吸引着。

——摘自《创意天地——曲别针的用途》

许国泰先生用他的发散思维成功地为我们诠释出发散思维的魅力。对于思维方法的培养,制定"唯一"的准则是不可行的。如果对思维进行约束,则只能看到事物或现象的一个或少数几个方面;在思考问题时,我们也往往认为找到一个答案就万事大吉了,不愿意或根本想不到去寻找第二种,乃至更多的解决方案,因而难以产生大的突破。缺少发散思维,在理论上很难突破旧有的理论束缚,实现新的突破。发散思维,并不只是看到一个事物或事件的几个方面,将已有的知识、经验运用到陌生的、不熟悉的问题上,也是一种发散思维。

一个星期天,法国著名医生雷内克瓦带着女儿到公园玩。女儿要求爸爸跟她玩跷跷板,他答应了。玩了一会儿,医生觉得有点累,就将半边脸贴在跷跷板的一端,假装睡着了。女儿见父亲的样子,觉得十分开心。突然,医生听到一声清脆的响声。睁眼一看,原来是女儿用小木棒在敲跷跷板的另一端。这一现象,立即使他联想到自己在医疗中遇到的一个问题:当时医生听诊,采用的方式是将耳朵直接贴在患者有病的部位,既不方便也不科学。

他想:既然敲跷跷板的一端,另一端就能清晰地听到,那么是不是也可以通过某样东西,病人身体某个部位的声响让医生能够清楚地听见呢?

雷内克瓦用硬纸卷了一个长喇叭筒,大的一头靠在病人胸口,小的一

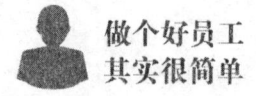
**做个好员工
其实很简单**

端塞在自己耳朵里,结果听到的声音十分清楚。世界上的第一个听诊器就这样产生了。后来,他又用木料代替了硬纸做成了单耳式的木制听诊器,后人又在此基础上研制了现代广泛应用的双耳听诊器。

——摘自《方法总比问题多》

雷内克瓦通过一次偶然的发现——跷跷板传导声音,运用发散思维研制出听诊器,改善了工作条件。

发散思维的力量是很大的,创造者能够打破原有的思维格局,提供一种全新的思考方式。工作中要及时运用、善于运用发散式思维。

第十章
勇于创新——打破思维定势才能实现跨越式成长

突破习惯，增强应变能力

世界推销大师哥特曼曾经说过："推销从被拒绝开始。"你不接受拒绝是不可能学会做推销的。曾经有人做过一个有趣的调查，就是调查美国、日本、韩国、巴西四个国家，推销人员在30分钟的谈判过程当中，客户或潜在客户说"不"的次数，也就是遭到拒绝的次数结果为：日本人是2次，美国人是5次，韩国人是7次，巴西人最多，是42次。

哥特曼说："如果我在第一次推销不成功之后就放弃的话，那就没有今天的业绩了。"人应该突破固有的思维习惯，尝试新的方法，那么我们离成功也就越来越近了。

从前有两兄弟父母过世较早，而居住的乡村又没有人可以帮他们，他们就相约到远地去谋生，他们把田产变卖，带着所有的财产和两头驴子离开了自己的家乡。

他们最先到了一个盛产绸缎的地方，哥哥对弟弟说："在家乡，绸缎是很值钱的东西，我们把所有的钱换成绸缎，带回故乡一定可以赚很多钱。"

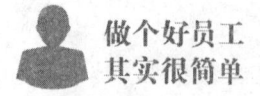
做个好员工
其实很简单

弟弟同意了，于是两人买了绸缎，把绸缎捆绑在驴子背上出发了。

走了很久，途中他们在一个地方歇脚时发现他们到的是一个盛产毛皮的地方，这里也正好缺少绸缎，弟弟就对哥哥说："毛皮在咱们县城里是更值钱的东西，我们把绸缎卖了，换成毛皮，这样不但我们的本钱回收了，返乡后还有更高的利润！"哥哥说："不了，绸缎已经被安稳地捆在驴背上，要搬上搬下多么麻烦呀！"弟弟就把自己牵着的驴背上的那些绸缎全换成毛皮，还赚了一笔钱，而哥哥依然只有一驴背的绸缎。

他们继续赶路，来到一个盛产药材的地方，那里的天气寒冷异常，所以毛皮和绸缎也是他们最需要的。见此情景，弟弟就对哥哥说："药材是咱们故乡更值钱的东西，你把绸缎卖了，我把毛皮卖了，换成药材带回故乡一定能赚大钱的。"可是，哥哥还是拍拍驴背上的绸缎说："不了，我的绸缎安稳地放在驴背上，何况已经走了那么长的路，我已经累了，搬上卸下太麻烦了！"弟弟就把毛皮都换成药材，又小赚了一笔钱，而哥哥依然有一驴背的绸缎。

后来，他们来到一个盛产黄金的城市，那个遍地是黄金的城市除了不缺黄金之外什么都缺，当然药材和绸缎也都是这个城市所需要的。弟弟对哥哥说："我发现这里的药材和绸缎的价钱都很高，黄金却很便宜，在家乡黄金却是十分昂贵的，如果我们把药材和绸缎都换成黄金，这一辈子就不愁吃穿了。"

哥哥马上摇头道："不！不！我的绸缎在驴背上很稳妥，我不想换来换去的！"弟弟卖了药材，换成黄金，结果又赚了一笔钱。哥哥依然守着一驴背的绸缎。

最后，他们回到了家乡，哥哥卖了绸缎只得到蝇头小利，而弟弟不但大赚了一笔，还把黄金卖了，成了当地最大的富豪。

——摘自《关于聪明人的故事——把握坚持与变通的尺度》

第十章
勇于创新——打破思维定势才能实现跨越式成长

故事启示我们在生活中，不是所有的事都需要坚持，有时更需要灵活处理，随机应变才是最恰当的处世方式。我们都知道，坚持是一种习惯，但若是不根据形势来作出改变，坚持也就失去了意义。

任何事在它发生之前都会有预兆，只是有的预兆是隐性的，不轻易被人发现而已。这就需要我们有机敏的头脑，在事情发生之前预测即将发生的事情，并做好一切准备才不会处于被动地位。也就是说，我们的应对绝对不应该是盲目和被动的。否则，灵活机变就没有了任何意义。

在人际交往中，我们有时陷入不利的人际关系是很正常的事，如果在这些场合不能随机应变，那就只能甘受其辱，甚至还有可能丢掉自己的性命。

据说有一次慈禧看完著名演员杨小楼的戏后，把他召到眼前，指着满桌子的糕点说："这一些赐给你，带回去吧！"杨小楼叩头谢恩，他不想要糕点，便壮着胆子说："叩谢老佛爷，这些尊贵之物，奴才不敢领，请另外恩赐点……"

"要什么？"慈禧高兴地问。

杨小楼又叩头说："老佛爷洪福齐天，不知可否赐个'福'字给奴才。"

慈禧听了，一时高兴，便让太监捧来笔墨纸砚。慈禧举笔一挥，就写了一个"福"字。

站在一旁的小王爷，看了慈禧写的字，悄悄地说："福字是'示'字旁，不是'衣'字旁的呢！"杨小楼一看，这字写错了，若拿回去必遭人议论，岂不是有欺君之罪；不拿回去也不好，慈禧一怒就要了自己的命。要也不是，不要也不是，他一时急得直冒冷汗。

气氛一下子紧张起来，慈禧太后也觉得挺不好意思，她既不想让杨小楼拿走错字，又不好意思再要过来。旁边的李莲英脑子一动，笑呵呵地

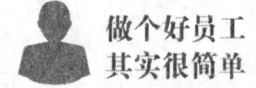

说:"老佛爷之福,比世上任何人都要多出一'点'呀!"杨小楼一听,脑筋转过弯来,连忙叩首道:"老佛爷福多,这万人之上之福,奴才怎么敢领呢!"慈禧正为下不了台而发愁,听这么一说,急忙顺水推舟,笑着说:"好吧,隔天再赐你吧!"就这样,李莲英为二人解脱了窘境。

由此可见,一个人倘若没有应变能力该是多么的危险。所以,应变能力即使不能成为我们的专长,也不能成为我们的弱项。在生活中,有一点儿应变能力不是狡猾,而是我们应该具备的一种生存能力,或者可以说是人格魅力的一种体现。

在职场上,每个人的道路并不平坦,竞争的困惑、坎坷和挫折几乎不可避免。一旦发生危机,事情就会影响我们的发展和进步。所以掌握应对危机的方法,提高应变水平,是一名优秀员工必备的一项技能。

第十章
勇于创新——打破思维定势才能实现跨越式成长

灵活变通,找对方法做对事

水逢绝境则转,人逢绝境则变。

宋代罗大经在《鹤林玉露·临事之智》中云:"大凡临事无大小,皆贵乎智。智者何?随机应变,足以得患济事者是也。"他的意思是说:智者便是能随机应变,见机行事之人。

我国唯一的一位女皇武则天在那个男尊女卑的社会之所以能够位列九五之尊,就是因为她善于机变、巧于应对。

武则天14岁被太宗召选入宫,因为善于应对,不久便被封为才人,又因性情柔媚乖巧,被唐太宗昵称为"媚娘"。当时宫里观测天象的大臣纷纷警告唐太宗,说唐皇朝将遭"女祸"之乱。唐太宗为江山着想,把武姓之人逐一进行了处置,但对于武媚娘,却不忍有所动作。太宗逐渐年老体弱,而武则天此时风华正茂,一旦太宗离世,她将陷入绝境。但是,我们知道,太宗死后她并没有作为殉葬品处决,而是在白马寺出家,她的这一变不仅打消了太宗的疑虑,还为自己找到了生路。

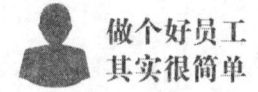
做个好员工
其实很简单

当时,武媚娘拜谢而去时,唐太宗还自言自语道:"天下没有尼姑能做皇帝的,我死也可安心了。"所以,在当时的太宗看来,李唐的江山不会有危险了。但是他并不知道,武则天是一个何等机警的人物,只要有一线生机,她就可以创造奇迹。李治与武则天分别的时候对她呜咽道:"卿竟甘心撇下我吗?"媚娘满脸无奈的忧伤,她回身仰望太子,叹了口气说:"主命难违,只好走了。""了"字未毕,泪雨已下,泣不成声。太子道:"你何必自己说愿意去当尼姑呢?"武媚娘镇定了一下情绪,把自己的心思告诉了李治:"我要不主动说出去当尼姑,只有死路一条。留得青山在,不怕没柴烧。只要殿下登基之后,不忘旧情,那么我总会有出头之日……"太子李治解下一个九龙玉佩,送给媚娘作为信物。太子登基不久,武则天很快又被召回宫中,并为自己以后的登基一步步做着准备。

从武则天这些举动来看,她的聪明之处在于能够因时因事而动,她才能够成为中国历史上声名赫赫的一代女皇。

所以说,做任何事都应该有前瞻性,都应该站在潮头引领潮流动向,而不是只会跟着潮流走。因为能够站在潮头的人可以看到事情的发展动向,在事情还没有发生时就已经具备了主动权,做好了应变的准备,而赶在潮流末端的人就像是一个被蒙了双眼的盲人,只能被牵着鼻子走。当别人看到悬崖撒手时,他就只能掉下去。生活中的许多人都曾是这样的牺牲品,尤其是那些思路狭窄、不懂掌握态势的人就更容易成为这样的牺牲品。

生活中的许多道理其实都是相通的。所谓举一反三就是如此,希望我们都有对生活的领悟能力,都能够主动把握局势的发展,创造自己想要的结果。

我们知道,一个问题往往有多种解决方案,但是我们要做的往往是找到最合适的方法,这样才能把事情做好,才能把问题解决好。

第十章
勇于创新——打破思维定势才能实现跨越式成长

工作中的事情也是一样,很多时候只有找对了方法才能把事情处理得更好。如果一味蛮干,没有方向性、没有针对性,结果往往会适得其反。

李嘉诚的名字可谓家喻户晓。他之所以能够那么成功,是有一定原因的。他初涉商海时,就是一个通过找方法去解决问题的高手。

他原本是在茶楼做跑堂的伙计,后来应聘到一家公司当推销员。做推销员首先要能跑腿,这一点难不倒他,以前在茶楼成天跑前跑后,早就练就了一副好脚板,可最重要的还是怎样千方百计地把产品推销出去。

有一次,李嘉诚去一栋办公楼推销一种塑料洒水器,一连走了好几家都无人问津。一上午过去了,一点业绩都没有,如果下午还是毫无进展,那这一天就是白跑了。

尽管推销颇为艰难,他还是不停地给自己打气,精神抖擞地走进了另一栋办公楼。他看到楼道上的灰尘很多,突然灵机一动,没有直接去推销产品,而是去洗手间往洒水器里装了一些水,将水洒在楼道里。经他这样一洒,效果很好,原来脏兮兮的楼道,一下变得干净了许多。这样一来,立刻就引起了主管办公楼的有关人员的兴趣,向他购买了洒水器。就这样,一下午他就卖掉了十多台洒水器。

——摘自《不找借口找方法》

李嘉诚这次推销为什么能获得成功呢?原因在于他掌握了一个非常有效的推销方法:让客户动心,就必须掌握他们如何才能受到影响的规律——"听别人说好,不如自己看到的好;看到的好,不如使用起来好。"总讲自己的产品好,哪能比得了亲自示范、让大家看到使用后的效果好呢?

在做推销员的过程中,李嘉诚十分重视分析问题和总结方法。后来,他将香港分成几大片区,对各片区的人员结构进行分析,了解哪一片区的潜在客户最多,就有目的地去跑,重点推销,再加上他的勤奋,这样一

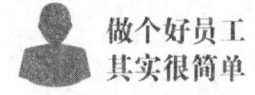

来，获得的收益自然要比别人多。李嘉诚跑的地方比别的推销员都多，成绩也是全公司最好的。这就是找对方法的结果。

在工作中，要想成为一名优秀的职业人，就要尽可能去寻找各式各样的解决方法。

有一位推销员在谈到推销豆子时充满了自信。

他说：如果豆子的销量很好，直接赚钱好了；如果豆子滞销，分三种办法处理。

一、将豆子制成豆瓣酱，卖豆瓣酱；如果豆瓣酱卖不动，腌了，卖豆豉；如果豆豉还卖不动，加水发酵，改卖酱油。

二、将豆子做成豆腐，卖豆腐；如果豆腐不小心做硬了，改卖豆腐干；如果豆腐不小心做稀了，改卖豆腐花；如果实在太稀了，改卖豆浆；如果豆腐卖不动，放几天，改卖臭豆腐；如果还卖不动，让它长毛彻底腐烂后，改卖腐乳。

三、让豆子发芽，改卖豆芽；如果豆芽还滞销，再让它长久点，改卖豆苗；如果豆苗还卖不动，再让它长大点，干脆当盆栽卖，命名为"豆蔻年华"，到城市里的各大中小学门口摆摊和到白领公寓区开产品发布会，记住这次卖的是文化而非食品；如果还卖不动，赶紧找块地，把豆苗种下去，灌溉施肥，3个月后，收成豆子，再拿去卖。

在这个推销员充满智慧的设想中，如果他不积极地去想更好更妙的办法，他也许只能坐以待毙。一个人若能用这种思路去寻找解决问题的方法，那成功离他还会远吗？

我们常常看到这样一种情况：很多员工早上进了公司就开始埋头苦干，直到下班，别人休息的时候他也还在工作。按照常理，这类员工的业绩肯定差不了，但事实是他们的业绩往往却并不理想。为什么？因为他们不懂得思考，不懂得找到解决问题的巧妙途径，因此，他们会走很多弯路，办事效率自然就低了。

美国有位教授用了10年时间潜心研究一个问题——"如何帮助年轻人成为职场红人"。他对世界500强企业和各大政府机构进行调查研究，结果发现，所谓的职场红人，不一定有高人一等的智商、超越常人的交际能力，也不一定有卓越的领导力，他们之所以成为职场红人，靠的是善于找方法的思考能力，他们懂得运用自身拥有的一切资源，从而找对方法做对事。

只要我们在工作中主动运用大脑，好点子就会如泉水般涌出，我们也会在职场中找到属于自己的最佳坐标。